The 21
Indispensable
Qualities
of a Leader
by John C.Maxwell

「人の上に立つ」ために本当に大切なこと

ジョン・C・マクスウェル＝著
弓場 隆＝訳

ダイヤモンド社

本書は小社から刊行した『この人についていきたい、と思わせる21の法則』(二〇〇八年初版刊行)を改題し、一部に修正を加えたものです。

はじめに

この人についていきたい、と思わせるものは何か。部下をいやいや従わせているリーダーがいる一方で、部下を心から従わせているリーダーがいるのはなぜか。リーダーのあり方を論じる人と、実際に人を率いるリーダーの違いは何か。その答えは、個人のさまざまな人格的資質にある。

人びとを引きつけ、物事を成し遂げるリーダーになる法則を、あなたは知っているだろうか。言い換えれば、自分の内面を正直に見つめたとき、あなたはそこに自分の夢を実現するのに必要な資質を見いだすことができるだろうか。持てる能力を生かしたいなら、あなたは勇気を持ってこの問いかけに答えなければならない。

私がこの本を書いた目的は、この人についていきたいと心から思われるような、すぐれたリーダーになるための法則をあなたが知り、必要な資質を伸ばし、磨くのを手伝うことである。リーダーになるには時間がかかる。リーダーシップとは、長い努力の日々を積み重ねることで開発されるものなのだ。リーダーの育成は、リーダーシップの法則を学ぶことである程度は可能である。しかし、リーダーシップ論を理解することと、それを実践することは別である。

部下から敬愛されている最高のリーダーたちの特長について、私は時間をかけて熟考し、その共通点を探った。そして、他のリーダーたちとも話をして意見を聞き出した。さらに、歴史を動かしてきたリーダーたちをも検証してみた。そしてその結果、すべての偉大なリーダーたちが実践している二一の法則をリストアップすることができた。本書では、これらの法則について具体的に説明する。

この本としばらくじっくり付き合っていただきたい。書かれていることの意味を考え、自らを吟味し、生き方を一新するために、この本を使ってほしい。たとえば、ある章で説明されている法則が自分の弱点であるなら、それについてしっかりと考えてから次の章に移るようにしていただきたいのである。このプロセスを何度も繰り返し、それぞれの法則を自分の人格の中に取り込んで定着させていければ、なお素晴らしいと思う。

リーダーシップしだいで組織は隆盛もすれば衰退もする。本物のリーダーシップは内面から開発されるべきものだ。内面的に理想のリーダーになることができれば、外面的にも理想のリーダーになることができる。やがて、人びとはおのずとあなたについていきたいと思うようになる。そのとき、あなたはこの世の中のどんな問題にも立ち向かえるようになっているはずだ。

ジョン・C・マクスウェル

「人の上に立つ」ために本当に大切なこと◆目次

はじめに

17——「心の安定」

自分一人ですべてをやろうとしたり、功績がすべて自分にあると主張したりする人間は、すぐれたリーダーになれない。 179

自分に不安なリーダーに、人はついてこない

「人から認められたい」という気持ちを捨てる

自分のものではない成功こそ、祝福する

18——「自己規律」

最初で最大の勝利は、自分自身を克服することである。 189

まずは、自分自身のリーダーになる

常に「困難∧報酬」になるよう意識を保つ

規律がなければ、「夢をかなえる力」は育たない

19——「奉仕の精神」

自分の地位を愛する以上に、自分についてきてくれる人びとを愛さなければならない。 199

一流のリーダーは「地位」にこだわらない

1

「人格」

◆

リーダーシップとは、
人びとに自信を与える人格のことである。

妥協とは、築いたものすべてを捨てること

小さい空港を利用したり社用ジェット機に乗ったことのある人なら、リア・ジェットを見るか利用するかしたことがあるはずだ。私自身、リア・ジェットには二、三回乗ったことがある。小型で五、六人の乗客しか運ぶことができないが、ものすごく速い。搭乗する際には、ジェットエンジンが装着された狭いチューブに乗り込むような感じがする。

リア・ジェットでの空の旅は快適である。しかし、最も驚かされるのは大いに時間を節約できるということだ。私は今まで何百回も飛行機に乗っているので、空港までの長距離ドライブ、レンタカーの手続き、シャトルバスへの乗り換え、空港ターミナルの混雑、頻発する発着の遅れといった悪夢には慣れっこになっている。しかし、リア・ジェットを利用すれば、移動時間が簡単に半減できるのである。

この驚異的なジェット機を考案したのは、ビル・リアという人物である。発明家であるだけでなく、飛行家、ビジネス・リーダーでもあったリアは、自動操縦装置やカーラジオ、エイトトラックのステレオカートリッジなどを含む一五〇以上もの特許を取得している。

それだけではない。リアには先見の明があり、早くも一九五〇年代に、小型の社用ジェット機にはかなりのニーズがあると予見していた。夢を実現するには数年かかったが、六三年にはリア・ジェットの初飛行を行ない、翌年、第一号機を製造して販売した。

その後、多くのリア・ジェットがまたたく間に売れ、リアは成功を収めた。しかし、まもなくそのうちの二機が不可解な状況下で墜落した。リアはあまりのショックに打ちのめされた。その時点で五五機のリア・ジェットが自家用として納入されていたが、リアはその所有者全員に、自ら組織した事故調査チームが墜落原因を究明するまで飛行を見合わせてほしいと連絡した。この措置がマスコミに取り上げられてイメージダウンすることになったとしても、これ以上の人命が犠牲になることを彼は危惧したのだ。

リアは事故機を調べて技術的な原因を究明したが、地上ではそれを実証できなかった。自分が下した分析の正しさを判定する唯一の確実な方法はただ一つ、自らリア・ジェットを操縦し、事故の状況を空中で再現することだった。

それは危険きわまりないことだったが、リアはそれを断行した。飛行中、操縦不能に陥り、危うく先の二人のパイロットと同じ運命に見舞われそうになった。だが、なんとかテストを敢行し、欠陥を検証することができた。リアは不具合を解消する新しい部品を開発し、五五機すべてにそれを取りつけ、危険を取り除いた。

すべてのリア・ジェットを使用停止にしたことで、リアは莫大な金銭的損失をこうむった。しかも、潜在的顧客の心にも疑念の種を植えつけてしまった。その結果、ビジネスを立て直すのに二年の歳月を要したが、彼はその決断をまったく後悔しなかった。リアは墜落の謎を解くために自分の成功と財産、さらに命までリスクにさらすことを恐れなかった。彼が恐れたのは、自らの矜持を保てなくなる事態であった。これこそ人格のなせる業である。

才能は選べないが、人格は自由に選べる

人生のさまざまな状況にどう対処するかによって、リーダーの人格の多くが浮き彫りになる。危機が人格を練り鍛えるとはかぎらないが、人格を露わにすることは間違いない。逆境に直面するとき、人は人格か妥協か、二つの道から一つを選ばなくてはならない。もし人格を選ぶなら、その選択がマイナスの結果をもたらしたとしても、そのたびにその人は以前より強くなっていく。

ノーベル賞作家のソルジェニーツィンが、「われわれは地球上における自分たちの存在意義が物質的繁栄にあると考えがちだが、本当は魂の開発にある」と言っているとおりだ。人格の

陶冶は、リーダーとしてだけではなく人間としての開発の根底にあるものだ。

では、われわれは人格について、何を知っておかなければならないのだろうか。

1―人格は口先だけのものではない

「自分は誠実な人間だ」と口で言うのはたやすい。しかし、行動こそが人格の真の指標である。あなたの人格は、あなたが何者であるかを決定する。あなたが何者であるかは、あなたが何を見るかを決定する。あなたが何を見るかは、あなたが何をするかを決定する。

だから、リーダーの人格と行動は、絶対に切り離して考えることができない。もしリーダーの意図と行動がちぐはぐだったら、その原因はそのリーダーの人格にあると考えていい。

2―才能は天賦のものだが、人格は選択できる

人生にはどうすることもできないことが多々ある。まず、親を選べない。生まれ育つ場所や環境も選べない。才能や知能指数も選べない。しかし、人格は選べる。

われわれは何かを選択するたびに、人格を作り上げているのだ。困難な状況から逃れるか、それを打開するか。真実をねじ曲げるか、その重みに耐えて立つか。楽をして金儲けをしようとするか、まっとうな対価を払うか。あなたが今日どのように生き、どのような選択をするか

が、あなたの人格を作り上げていく。

3―人格は部下との関係に永続的な成功をもたらす

真のリーダーシップは、必ず他者に関わり、他者を関わらせる。リーダーシップについて、「先導しているつもりでも、誰もついてこなければ散歩しているにすぎない」という格言がある。部下は、人格に難があると感じるリーダーを信頼せず、やがてついていくことをやめてしまう。

4―リーダーは自分の人格以上のことはできない

才能豊かな人たちが一定レベルの成功を収めた後、突然、鳴かず飛ばずになってしまうのを見たことがあるだろう。その現象を解くカギは人格にある。

ハーバード大学医学部の心理学者スティーブン・バーグラス博士によると、たとえ大成功を収めても、そのことがもたらすストレスに耐えられる人格的基礎を持たない人間は、やがて悲惨な結末を迎えるという。博士は、そういう人物は次の四つの罠のどれかに陥りやすいと指摘している。すなわち、傲慢、孤立感、破滅的な冒険心、不倫である。どれも、弱い人格ゆえに払うはめになるひどい代償だ。

人格が弱ければ、成功した瞬間に失敗する

バーグラス博士が指摘する四つのどれかに陥りそうな予兆を感じたなら、少し時間をとって休養することをお勧めする。成功のストレスから距離を置くために必要なことをし、専門家に相談するのも一案だ。自分の陥っているスランプが時間、お金、名声によって自然に消え去っていくと考えてはいけない。人格のひずみを見極めないかぎり、そのひずみは時間の経過とともにますます大きくなり、身を滅ぼすことになりかねない。

四つのうちのどれにも該当しない場合でも、あなたは自分の人格をよく把握しておくべきだ。自分の言行が常に一致しているかどうかを自問しなければならない。課題に取り組むとき、それをいつも最後までやり通しているか。子どもの発表会や試合を見に行くと言ったら、その約束をちゃんと果たしているか。あなたの握手は契約書と同じくらい信頼に値するか。

家庭でも職場でも地域でも、人を指導するときに最も大切なのは自分の人格である。ミッド・パーク社のアラン・バーナード社長がこんなことを言っている。

「リーダーとして尊敬を得ようとするなら、倫理が要求されるのは当然である。リーダーたる

者は、善悪の境界線を越えて善の側に立つだけでなく、善悪どちらとも言いがたいグレーゾーンをはるかに越える高い倫理観を備えていなければならない」

次に、人格を向上させるために、日々できることを四つ挙げてみよう。

1―自分の人格のひずみを探し出す

時間をとって自分の人生のおもな領域(仕事、結婚、家族、奉仕活動など)を見つめ、今までに手抜きをしたり、妥協をしたり、相手をがっかりさせたりしたことはないか思い起こそう。そして、過去二か月で記憶に残っているその種の出来事をすべて書き出してみる。

2―パターンを見つけ出す

書き出した内容を検証する。弱点を抱えた分野があるか、繰り返し起こしやすい問題があるか、書き出してみる。パターンを解明しておけば、自分の人格の問題を自己診断しやすい。

3―困難なことをやり通す

人格を修正するプロセスは、自分の欠陥を直視し、謝罪し、自分の行動が招く結果に対処することによって始まる。自分がとった行動について謝罪する必要のある人たちのリストを作成し、誠意のこもった謝罪をしよう。

4 ― 再建する

自分がとった過去の行動を直視することと、新しい未来を創造することはまったく別だ。弱点を見極めたなら、同じ間違いを繰り返さないための計画を作成しよう。

◆最後に

ある父親が幼い娘を遊園地に連れて行った。女の子は売店に走り寄り、綿菓子を買ってほしいと言った。娘が店員から大きな綿菓子を受け取ると、父親は「おいおい、そんなに大きいのを全部食べられるのかい?」とたずねた。

「だいじょうぶ」と女の子は言った。

「だって、私の中身は見かけよりもずっと大きいんだもの」

真の人格を備えた人とは、見かけより中身が大きい人のことである。

2

「カリスマ性」

◆

人と接するとき、
相手に好かれるように
ふるまうのではなく、
相手が自分自身を好きになるように
ふるまえばよい。

「この人についていきたい」と思わせる力

一九世紀の後半、二人の権力者がイギリス政治の指導者の地位をめぐって競っていた。ウィリアム・グラッドストンとベンジャミン・ディズレーリである。

二人の政治家は烈しいライバル心を燃やしていた。二人が互いをどう意識していたかは、ディズレーリの次の発言からもうかがい知ることができる。

「不運と災厄の違い？　グラッドストンがテムズ川に落ちたら、それは不運だ。しかし、もし誰かが彼を救出したら、それは災厄だ」

多くの人は、自由党の党首を三〇年も続けているグラッドストンこそ、ビクトリア朝イギリスの最高の資質を具現した人物であると信じている。高級官吏であり、演説がうまく、財政に明るく、しかも高潔な人格の持ち主だ。四度も首相を務めた人物は、イギリスの歴史上、彼をおいていない。彼の指導のもと、イギリスは教育制度を整え、議会制度を改革し、労働者階級に属する多くの人びとに参政権を与えた。

一方、ベンジャミン・ディズレーリは二度にわたって首相を務めた。その経歴はグラッドストンとは異なる。三〇代で政治の世界に身を投じ、外交と社会改革の分野で名をあげた。彼の最大の功績は、スエズ運河の株式の買収を見事に指導したことである。

どちらの人物もイギリスのために多大な業績を残したが、指導者としての際立った違いは民衆との接し方だった。

それについては、この二人の政治家とそれぞれ別の日に夕食をともにしたある若い女性の述懐がよく物語っている。二人の印象をたずねられた彼女は、こう答えている。

「グラッドストン氏と同席した後、私は彼こそイギリスで最も頭のいい男性だと思いました。でも、ディズレーリ氏と同席した後では、私は自分こそイギリスで最も頭のいい女性だと思えました」

ディズレーリは人びとを引きつけ、この人についていきたいと思わせる資質を備えていた。彼にはカリスマ性があったのである。

成功する人は「善なる部分」だけを見ている

多くの人は、カリスマ性を神秘的で、ほとんど定義できない資質だと考えている。持っている人は生まれつき持っており、持っていない人は生涯持つことがない、そのような何かだと考えている。しかし、それは正しくない。カリスマ性とは、簡単に言うと、人をあなたに引きつける能力のことである。それは他の人格的資質と同じように、開発することができる。

　人を引きつける人物になるには、次のいくつかの条件を満たす必要がある。

1 ― 人生を愛する

　人びとは、人生を愛している指導者を好む。あなたはどういう人物といっしょに過ごしたいと思うだろうか。

　愚痴っぽい人間か、皮肉屋か、陰気なタイプか。そんなことはあるまい。不平不満ばかり口にする人物ではなく、人生を前向きに楽しむ元気な人といっしょに過ごしたいと思っているはずだ。もし人を引きつけたいなら、「こんな人といっしょに過ごしたい」と思われるような人物になる必要がある。

　一八世紀のキリスト教伝道者ジョン・ウェスレーは、そのことをよく知っていた。彼はこう言っている。「燃えるような情熱を持てば、人びとはあなたが情熱を燃やして活動しているところを喜んで見に来るだろう」

2 すべての人に一〇点満点をつける

あなたが人のためにできる最善のことの一つは、その人にベストを期待することだ。それがあなたの魅力となり、その人を引きつける。私はそれを「すべての人に一〇点満点をつける」と呼んでいる。この習慣は、まわりの人たちが自分自身を高く評価するのに役立つだけでなく、あなたを助けることにもなる。ジャック・ウィーゼルによると、「叩き上げで富を築いた一〇〇人の人に関する調査で、共通の特徴が一つだけ見つかった。大成功を収めた人びとはみな、人間の善なる部分のみを見ている」という。

ベンジャミン・ディズレーリはこのことを理解し実践していた。そして、それが彼のカリスマとなった。「他人に対してできる最も偉大な善行は、自分が持っている富を分かち合うだけでなく、他人が持っている富を本人に発見させることだ」というのが彼の哲学である。もしあなたが人を高く評価し、励まし、潜在能力を発揮させるのを手伝うなら、その人はあなたについていきたいと思うようになる。

3 相手に希望を与える

フランス皇帝ナポレオンは、リーダーのあるべき姿を「希望を売る商人」と表現した。すべての偉大なリーダーと同じように、彼は希望こそがあらゆる「所有物」の中で最も素晴らしいものであることを知っていた。もしあなたがこの贈り物を人びとに与えることができるようになれば、彼らはあなたに引きつけられ、いつまでも感謝し続けてくれるだろう。

4 ― 自分を分かち合う

自分を分かち合うリーダーを人びとは愛する。人の上に立つのなら、自分を分け与えることだ。自分の知恵、資源、特別な機会を分かち合うことだ。これは私の好きなことの一つである。最近、テネシー州のフェスティバルに行ったときのことを話そう。ずっと前から参加したかった行事だが、ようやくスケジュールに組み込むことができた。私と妻のマーガレットは、二人のスタッフとその夫人たちを誘って、いっしょに行くことにした。私たちは素晴らしい時間を過ごすことができた。しかし、私にとって大事なのは、特別な時間をともに過ごすことによって、彼らに貴重な体験をする機会を提供できた点である。

カリスマ性という資質において、最も大切なことは他人への心配りだ。自分のことよりも他人のことを先に考えるリーダーこそが、カリスマ性を持ったリーダーなのである。

「自分のほうがデキる」と思っている人に一流はいない

あなたは自分のカリスマ性をどう評価しているか。人びとはあなたに自然に引きつけられているか。あなたは好かれているか。もしそうでないなら、あなたはカリスマを発揮するうえで次のような障害を抱えているのかもしれない。

- プライド——自分が他人よりすぐれていると思っているリーダーに従おうとする人はいない。
- 不安——あなたが自分に不安を抱いているなら、人びともあなたに不安を抱くようになる。
- 不機嫌——あなたに何を期待していいかわからない場合、人はあなたに何も期待しなくなる。
- 完全主義——人びとは、よりすぐれたものを目指す気持ちは尊重するが、非現実的な期待にはそっぽを向く。
- 冷笑癖——物事の肯定的な面ではなく否定的な面ばかりを見る人など、誰も相手にしない。

もし以上の障害を捨て去ることができれば、あなたはカリスマ性を身につけられる。

常に相手を「一〇点満点の人間」だと思う

本物のカリスマ性を獲得するために、今日からできることを挙げていこう。

1―焦点を変える

今日から数日間、自分が人びととどう関わっているかを観察してみよう。人と話すとき、自分が話すことのうちどの程度まで自分のことに集中しているかを見極めよう。自分のことより相手のことに焦点を当てるよう、会話のバランスを考えてみよう。

2―第一印象を良くする

初対面の人に会うとき、いい印象を与えるよう最善を尽くそう。相手の名前を覚える。相手の興味や関心に焦点を合わせる。肯定的に接する。一番大切なのは、相手を一〇点満点の人間と見なして接することだ。もし今日それができたなら、毎日できる。そうすることで、あなたのカリスマ性には確実に磨きがかかるだろう。

3―自分を分かち合う

あなたが持っている有益なものを人と分かち合うことを長期的な目標にしよう。今年、あなたと出会う五人が意義深い経験をするのを手伝おう。それは家族でもいいし、部下や友人であってもいい。彼らが生活と仕事で成長するのを助けるための材料を提供し、あなたの人生の旅を分かち合おう。

◆最後に

首都ワシントンの社交界で名高いパール・メスタ女史は、あなたのパーティにはどうしてそんなに大勢の有名人がやって来るのかとたずねられて、「あいさつと別れ際の言葉がカギです」と答えている。

客が到着すると、「ようこそ来てくださいました」と迎え入れる。別れ際には、一人ひとりに、「もうお帰りになるなんて、残念です」と言う。彼女は自分のことよりも相手に焦点を合わせて人と接することを心がけている。それがカリスマ性である。

3

「不屈の精神」

◆

夢想する者ではなく、
実行する者になる。

自分が生きた時代に最善を尽くした人は、永遠に生き続ける

数年前、私は妻と二人でイタリアで長期休暇を過ごす機会に恵まれた。食事と芸術を何よりも楽しみにしていたので、最高の食事を味わうために、以前イタリアに行ったことのある友人たちに話を聞いた。そして最高の芸術作品を鑑賞するために、ニューヨークのメトロポリタン美術館の学芸員にも相談した。おかげで私たちは旅行中に多くの偉大な芸術作品を鑑賞することができたが、中でも最も強烈な印象を受けたのはミケランジェロのダビデ像だった。この作品が傑作と呼ばれている理由が、私にはよくわかった。

ミケランジェロは非凡な生涯を送った人物である。西洋文明でおそらく最高の芸術家であり、間違いなく最も影響力のある芸術家だ。彼は彫刻家となるために生まれてきたような人間である。「ほんの乳飲み子のころ、石工道具に魅せられた」と自ら語っているほどだ。彼は弱冠二一歳のときに最初の傑作を彫り、二〇代でピエタを創り上げ、ダビデ像を完成させた。

ミケランジェロは三〇代前半のころ、バチカンに壮大な墓を彫るために当時の法王ユリウス二世からローマに呼び寄せられたが、代わりに絵画を描くよう依頼された。しかし、バチカン

宮殿の小さな礼拝堂の天井に一二人の人物を描く計画には興味がなかったので、ミケランジェロは断りたかった。少年のころ絵画の訓練を受けてはいたものの、彼の情熱の対象は彫刻だった。けれども、法王から強く要請されたために、やむなく引き受けることになった。

この仕事の注文は、ミケランジェロがそれを断って法王の支持を失うか、請け負って評判を落とすか、そのいずれかを期待したライバルたちが仕組んだ罠だったという説が有力である。しかし、ミケランジェロはいったんその仕事を請け負うと、不屈の精神で創作に専念し、一二人の使徒を素朴に描くという当初の計画を拡大して、四〇〇人以上の人物と旧約聖書の創世記の九つの場面を取り入れた。

ミケランジェロは四年間にわたって、仰向けの姿勢でシスティナ礼拝堂の天井に絵を描き続けた。これは大変な労力を要する作業で、そのために彼が払った代償は大きかった。視力は衰え、肉体はボロボロになった。彼はこう語っている。

「拷問のような四年間の末、実物大より大きい四〇〇人以上の人物を描いた結果、私はヘブライの預言者エレミヤのように年老いて疲労困憊した。当時まだ三七歳だったが、年老いた私の姿を見て、友人でさえそれが私だとはわからなかったほどだ」

ミケランジェロの不屈の精神は、周囲に多大な影響を与えた。たとえば、後援者である法王を喜ばせ、バチカン法王庁から他のいくつかの仕事を委託されている。しかし、それより重要なのは、芸術の分野に大きな影響を与えたことだ。システィナ礼拝堂の壁画はあまりにも大胆かつ繊細、独創的な画法で描かれていたため、ラファエロをはじめ多くの画家が画法を変えた。ミケランジェロの傑作はヨーロッパ絵画のその後の歴史を永久に変えたというのが美術史家たちの見解である。この傑作はまた、彼の彫刻と建築の基盤にもなった。

ミケランジェロの才能がこの素晴らしい作品を生み出したことは間違いないが、最後までやり通すという不屈の精神がなかったなら、これほどの影響を及ぼすことはできなかっただろう。彼の不屈の精神は、絵画の全体を見通す視野の広さと細部にまでこだわる注意力の両方に表れている。誰も注意を払わないような暗い隅っこまでなぜそんなに丹念に仕上げているのかとたずねられて、ミケランジェロはこう答えている。

「神様がご覧になるからだ」

「何かを信じている人」に人はついてくる

不屈の精神を持たずに偉大なリーダーになりえた者など、いまだかつて一人もいない。アメリカの航空会社USエアーグループのエド・マケルロイはその重要性をこう語る。

「不屈の精神はわれわれに新しい力を与えてくれる。病気、貧困、災難など何が襲おうとも、われわれは目標から絶対に目をそらさない」

では、不屈の精神とは何か。それは人によってさまざまである。

- ボクサーにとっては、ノックダウンさせられてもマットから立ち上がること。
- マラソン選手にとっては、力が尽きそうになってもさらに一〇キロ走ること。
- 兵士にとっては、向こうに何が待ち構えているかを知らずに丘を越えること。
- 宣教師にとっては、人びとの人生を豊かにするために自分の安逸を捨てること。
- リーダーにとっては、以上のすべてに加えてもっとたくさんのことを意味する。自分が率いるすべての人たちから頼られているのだから。

指導力のあるリーダーになりたいなら、不屈の精神を持たなければならない。本当の意味での不屈の精神は、人びとを勇気づけて引きつける。自分に確信があることを人びとに伝えられる。あなたが自分の主義・主張を信じるときにのみ、人びとはあなたを信じる。人びとは人物を信じてから、その人物のビジョンを信じるのだ。

不屈の精神の本質は何か。次の三つの点から考察しよう。

1｜不屈の精神は心の中で生まれる

不屈の精神を持つ前に、すべてが完璧でなければいやだと考える人がいる。しかし、それは違う。不屈の精神があってはじめて何かを成し遂げられるのだ。ケンタッキー・ダービーでは、勝つ馬は最初の八〇〇メートルを越えたあたりで酸素を使い果たし、その後は心のエネルギーで完走するという。

偉大なスポーツ選手は不屈の精神の重要性を認識している。NBAの伝説的プレーヤー、マイケル・ジョーダンは「良い選手と偉大な選手の差は心にある」と説明している。リーダーとして人びとの生活に影響を与えたいなら、自分の心の中に不屈の精神があるかどうかを調べてみることだ。

2｜不屈の精神は行動によって試される

不屈の精神について語ることと、実際に行動することとは違う。行動こそが、不屈の精神を持っているかどうかを測る唯一の基準である。アーサー・ゴードンは、「言うことほど簡単なことはなく、日々それを実践することほどむずかしいことはない」と語っている。

郡の選挙で新しく当選した判事の話を聞いたことがある。就任演説の中で彼はこう語った。

「私に投票すると約束した四二四人の方々に感謝する。私に投票したと言った三一六人の方々に感謝する。投票所に足を運んだ四七人の方々に感謝する。そして、実際に私に投票してくれた二六人の方々に感謝する」

あなたは不屈の精神を持って実際に物事をやり通しているだろうか。

3｜不屈の精神は業績への扉を開く

リーダーとしてあなたはこれから、いくつもの障害と抵抗に出くわすことになるだろう。そんなとき、あなたを前進させるのは不屈の精神だけである。不屈の精神の持ち主は、文字どおり何にも屈しない。

デイビッド・マクナリーは「不屈の精神とは、何度ノックアウトされても、立ち上がって突き進むという真剣な決意なのだ」と語っている。もし価値のある業績を残したいなら、あなたは不屈の精神を持たなければならない。

「できる」と思ったすべてのことを達成する

不屈の精神という観点に立つと、この世には四種類の人間しかいない。

- 失敗者――目標も不屈の精神も持たない者。
- 臆病者――目標を達成できるかどうかわからず、真剣に取り組もうとしない者。
- 落伍者――目標に向かって出発するのだが、困難に直面して投げ出す者。
- 成功者――目標を設定し、不屈の精神を持ってやり通す者。

あなたはこの四種類のどれに該当するだろうか。あなたは自分の目標を達成してきただろうか。自分ができると信じたものすべてを達成してきただろうか。人びとはあなたを信じ、喜んでついてくるだろうか。これらの問いに対する答えが「ノー」であるなら、問題はあなたの心構えにあるのかもしれない。

不屈の精神を持つために、あなたが日々挑戦しなくてはならないことを挙げよう。

1―自分の意志の強さを測定する

われわれは何かをやり通そうという気持ちがあると自分では思っていても、行動が伴っていないことがある。手帳と帳簿を見て、自分が時間とお金をどう使っているかを把握しよう。仕事、奉仕活動、家族との語らい、健康的な活動、レクリエーションなどにどれくらいの時間を使っているかを考えよう。生活費、娯楽費、自己啓発、慈善活動にどれくらいのお金を使ったかを計算しよう。これらのことは、あなたのそれぞれの活動に対する意欲の真の目安になる。あなたはその発見に驚くはずだ。

2―自分の命をかけるに値することを知る

すべてのリーダーが自問しなければならないことの一つは、自分は何に対してなら命をかけられるか、ということだ。結果がどうであれ、絶対にやり抜こうと思っていることとは何だろうか。それを見極めるために、時間をとって自分の心を探ってみよう。そして、発見したことを書き留め、行動と理想が合致しているかどうかを確かめよう。

3 ―「エジソン方式」を活用する

物事を最後までやり通すことへの第一歩が踏み出せないでいるなら、エジソンが行なったのと同じ方法を試してみるといい。彼は何かいいアイデアが思い浮かぶと、それを発表するためによく記者会見を開いた。そして、研究室に行き、それを発明した。あなたも自分の計画を公表すれば、それを最後までやり通す意志が固まるかもしれない。

◆最後に

日ごろからできるかぎりの努力をする。

元プロ・バスケットボール選手のビル・ブラッドレーは一五歳のときに、エド・マコーリー主催のバスケットボールの夏季キャンプに参加した。このときのマコーリーの発言が、ブラッドレーの人生を変えた。

「よく覚えておけ。もし君が自分の能力を出しきって日ごろから練習しないなら、同じ能力を持った者と対戦したとき、勝つのは彼だ」

この基準で自己評価をしてみよう。

4

「コミュニケーション能力」

◆

コミュニケーションの達人は、
複雑なことを簡単にする。

「いっしょに仕事をしたい」と思わせる力

多くのアメリカ大統領はコミュニケーションの達人として、国内に大きな影響を及ぼしてきた。ジョン・F・ケネディ、フランクリン・ルーズベルト、リンカーンは特に有名である。しかし、私たちが生きた時代にコミュニケーションの達人と呼ばれた大統領と言えば、ロナルド・レーガンの名前を挙げないわけにはいかない。

レーガンはコミュニケーション能力を早くから発揮した。彼はまず、ラジオの仕事から始めた。すぐに中西部で最も有名なアナウンサーの一人になるが、当時はまだ二〇代前半だった。大リーグの試合をたいていは生中継で実況したが、時には『ウエスタン・ユニオン』紙の報道をもとにシカゴ・カブスの試合をシミュレーションすることもあった。しかし、あるとき試合の最中だというのにオージー・ギャランの打席で回線が故障してしまった。レーガンは回線が復旧するまで、ギャランがファウルばかり打っているようにリスナーに思わせる〝実況中継〟を六分間も続けた。

現役時代のレーガンは、人びとの心をつかんでコミュニケーションをする類いまれな能力を示した。大統領になる前もその後も、その才能はいかんなく発揮された。一九八〇年に大統領選に出馬する意向を明らかにすると、ビジョンを明確かつ簡潔に打ち出した。

「われわれのメッセージの核心は、聞き慣れた五つの簡単な言葉だ。難解な経済理論も政治哲学に関する講釈もいらない。たった五つの短い言葉、すなわち、家族、仕事、地域社会、自由、平和だ」

選挙活動の際、レーガンは討論会で現職のカーターと見事にやり合う。元カリフォルニア州知事だった彼は、落ち着いた好感の持てる有能なアメリカ人という印象を人びとに与えた。彼は大統領選で圧勝した。後に、現職の大統領と一対一の討論をすることに不安はなかったかと質問されてこう答えている。

「不安なんてまったくなかった。私はジョン・ウェインと共演してきたんだよ」

群衆に話しかけるときも、カメラに向かって話しかけるときも、一対一で語り合うときも、レーガンは実にスムーズにコミュニケーションすることができた。狙撃されて手術室に運ばれたときですら、人びとの気分をなごませることを忘れなかった。彼が外科医たちに言った言葉は、「みなさん、共和党支持者でしょうね」だった。

レーガンはすぐれた大統領だった。明確なビジョンを持ち、素早く決定を下し、その遂行をその分野の適任者に手際よく委任した。しかし、彼が偉大なリーダーだったのは、コミュニケーション能力がずば抜けていたからだ。国家の指導という点では、人びとは彼がどういう人物で、どんな立場にあり、何を望んでいるかを知っていたから、一刻も早くいっしょに取り組みたいと願った。人びとがついていきたいと思うリーダーにまで彼を成長させたのは、ひとえにそのコミュニケーション能力だった。

すべてのコミュニケーションの目標は「行動」にある

レーガンのように国家のリーダーになろうと考えていない人でも、コミュニケーション能力を身につける必要がある。結婚生活、仕事、人間関係における成功は、それによって大いに左右されるからだ。あなたが何を望み、どこを目指しているかがわからなければ、誰もあなたについていこうとは思わない。

次の四つの原則に従ってみよう。コミュニケーションがより円滑になるはずだ。

1—メッセージを簡潔にする

何を話すかだけがコミュニケーションではない。どう伝えるかも大切な要素だ。円滑なコミュニケーションのカギは簡潔さにある。難解な言葉や複雑な文章で人びとを感じさせようなどと思ってはいけない。人びととつながりを持ちたいなら、とにかく簡潔なコミュニケーションを心がけることだ。たとえばナポレオンは大臣たちに「明快に、明快に、明快に」と言い続けた。

ある若い役員の話を紹介しよう。円滑なコミュニケーションのヒントになるはずだ。彼ははじめて大きな会合でスピーチをすることになり、ある大先輩にアドバイスを求めた。すると、こんな答えが返ってきた。

「スピーチの草案を作成するときは、まず、すべての聴衆の心をつかむようなエキサイティングな導入部を書け。次に、聴衆が行動を起こしたくなるようなドラマチックな要約と結びの言葉を書け。そして、その二つの間に余計な言葉をはさむな」

2 相手のことを考える

コミュニケーションの達人は、相手に焦点を絞る。語りかけている相手について何も知らないなら、円滑なコミュニケーションなど成立しないことを知っているからだ。

対象が個人であれ集団であれ、コミュニケーションをするときは次の質問を自分に投げかけよう。

• 誰に話しかけているのか。
• 相手は何を質問しているのか。
• このコミュニケーションの目的は何か。
• 時間はどれだけあるのか。

コミュニケーション能力を高めるには、相手の立場に立つことが必要だ。コミュニケーションの達人が相手に信頼されるのは、彼ら自身が人びとを信頼しているからである。

3 ― 真実を示す

円滑なコミュニケーションを図るうえで前提となるのが信頼である。相手の信頼を勝ち取るには二つの方法がある。

まず、自分が言っていることを信じることだ。普通の人でも燃えるような確信を持てば、コミュニケーションの達人になれる。第一次世界大戦で連合軍総司令官を務めたフランスのフェルディナン・フォッシュは、「地球上で最強の武器は、燃える闘魂である」と言っている。

次に、自分が言っていることを実行することだ。確信が行動となって表れていれば、それにまさる信頼性はない。

4 反応を求める

コミュニケーションをするとき、すべてのコミュニケーションの目標は行動だということを忘れてはいけない。大量の情報を相手に押しつけるだけでは、コミュニケーションしていることにはならない。人びとに話しかけるときは、感じたり実行したりできるよう心がけよう。それができるようになれば、あなたのリーダーとしての実力は飛躍的に伸びる。

才能があっても、孤立無援では何もできない

セキュリティ・サポートを提供するMVM社のダント・マンケス社長は、リーダーのコミュニケーション能力の問題についてこう語っている。

「リーダーは人びとを通じて物事を成し遂げなければならない。したがって、人びとを鼓舞し、やる気を出させ、導き、指示し、彼らの話に耳を傾ける能力を持っていなければならない。リーダーが自分のビジョンを人びとに浸透させ、それを実行させる手段は、コミュニケーション以外にはない」

あなたは自分のコミュニケーション能力をどう評価しているだろうか。コミュニケーションはあなたにとって優先事項になっているだろうか。あなたは人びとを鼓舞し、やる気を出させることができるだろうか。人びとが理解し、心にとどめ、実行できるような方法で自分のビジョンを表現しているだろうか。一対一で話し合うとき、相手とつながりを持つことができるだろうか。相手が複数の場合はどうだろうか。

自分のビジョンは偉大だと思っているのに人びとが反応しない場合、コミュニケーション能力が足りないことが原因かもしれない。

コミュニケーション能力を高めるために、すぐに始められることを挙げよう。

1―明快さを心がける

自分が最近書いた手紙やメモなどをチェックしよう。文は短くて端的だろうか。冗漫になっていないだろうか。読み手はあなたが選んだ言葉を理解できるだろうか、それとも辞書を調べなければならないだろうか。できるだけ手短かに、しかもきちんと意味を伝えているだろうか。コミュニケーションをしようと思うなら、最大の味方は簡潔さと明快さである。何か伝えたいことを書くときは、この二つを心がけよう。

2 ― 焦点を絞る

これからの一週間、コミュニケーションをするときは、焦点を絞ることを心がけよう。対象はあなたなのかあなたの相手なのか、あるいは物なのか。もし対象が相手の人でないなら、対象を変える必要がある。相手が必要としているのは何か、疑問に思っていることは何か、希望しているのは何かについて考えよう。相手の立場に立って話をすれば、あなたのコミュニケーション能力は改善されるはずだ。

3 ― 言ったことを実行する

あなたの言動は一致しているだろうか。信頼できる人たちにたずねてみよう。配偶者、師、親しい友人は、あなたの盲点に気づいているかもしれない。その人たちの意見を謙虚に受け入れ、自分の言動が一致するよう努めよう。

◆最後に

一八六五年四月七日、リンカーン大統領は重大な決定を下した。そして、そのことを戦場にいる将軍に伝える必要があった。大統領としてリーダーシップがとれるかどうか、すべてはそれにかかっていた。彼は自分のコミュニケーション能力をすべて駆使してこんな手紙を書いた。

グラント総司令官殿

シェリダン将軍は「状況が差し迫れば、リーは降伏すると思う」と言っています。状況が差し迫るようお願いします。

A・リンカーン

リンカーンは重大事項を伝えるときも簡潔さを心がけた。ぜひ見習いたい。

5

「能力」

◆

能力は言葉を超える。

「隠された能力」は、ないのと同じ

ベンジャミン・フランクリンは常に自分を普通の一市民であると思っていた。彼は、ロウソクを作って売る貧しい職人の息子として生まれた。兄弟姉妹は彼を入れて一七人もいた。当時はよくあったことだが、彼は学校にはわずか二年間通っただけで、一二歳になると、すでに印刷工として働いていた兄の見習いをさせられた。

フランクリンは一生懸命働き、質素な生活を送った。「一三の徳目」に従って自分の行動を律し、自分に毎日点数をつけた。二〇歳のときには自分で印刷屋を作った。もし彼がその仕事に満足していたなら、フィラデルフィアの歴史にそれほど大した足跡を残さなかっただろう。

フランクリンは非凡な人生を送った。アメリカ独立の父の一人として新興国家の偉大な指導者となったのである。独立宣言の起草委員の一人でもあり、後にパリ平和条約と合衆国憲法の起草にも尽力した。三つの文書すべてに署名したのは彼だけである。独立戦争のさなかには、フランスから軍事・財政の両面にわたる支援を取りつけるという困難かつ危険な使命を遂行する密使に選ばれて、パリに渡った。

独立戦争の陣頭に立っていたのは、おもに裕福な南部の地主たちだった。それなのに、北部の一職人がなぜこれほどまでに大きな影響力を行使することができたのか。その理由は、フランクリンの驚異的な力量にあったことは間違いない。

七〇年間にわたり、フランクリンは自分が取り組むことすべてにおいて、他のどの人にもまさっていた。彼が一七二六年に印刷屋を作ったとき、すでにフィラデルフィアには印刷工が二人いたので、町の人びとは三人目はいらないと思った。しかし、すぐに彼は町中で最高の技能を持った勤勉な印刷工という評判を打ち立てた。ところが、彼はその業績だけでは満足しなかった。

フランクリンは好奇心旺盛で、自分だけでなくまわりの人びとの生活を向上させるための方法を絶えず探し求めた。出版にも事業を拡大し、『貧しいリチャードの暦』という有名な作品を発表した。また、電気に関する大規模な実験を行ない、その使用に関連する用語の多くを考案した。部屋全体が暖まるだるまストーブや医療器具のカテーテル、遠近両用メガネなどのさまざまな発明品を開発したのも彼である。さらに、大西洋を頻繁に横断した際には、自らメキシコ湾流の海図を記した。彼の人生観は、先に紹介した本の中に書かれた次の格言からうかがい知ることができる。

「あなたの才能を隠してはいけない。それは発揮するためにある。日陰の日時計が何の役に立つだろうか?」

フランクリンが多才な人物であったことは、多くの業績が示している。フィラデルフィア初の図書館を設立する手助けをした。国内初の消防団を組織した。サマータイムという概念を考案した。政府の要職を数多く経験した、などなど。

フランクリンは、その能力を認められていた。しかし、ときには自分の力量を実証しなければならないこともあった。一時期、彼は農業の改良に取り組んでいた。そのとき、石膏(硫酸カルシウム)が作物の生長を促すことを発見したが、まわりの人びとを説得することはなかなかできなかった。そこで彼は、春が訪れたときに農道のそばの畑に行って石膏を埋め、上から種を蒔いた。数週間後、人びとが農道を通ると、石膏が埋まっている部分では作物がよく生長していた。人びとはフランクリンの主張の正しさを目の当たりにしたのだった。

本当に有能な人は、タイミングを選ばない

優秀な職人であれ、世界的なスポーツ選手であれ、ビジネス界で成功を収めているリーダーであれ、すぐれた能力を持つ人が称賛の的になる。しかし、誰もがファベルジェ(ロシアの宝

石職人）、マイケル・ジョーダン、ビル・ゲイツのレベルを目指す必要はない。

自分の能力を高めるために次のことをしよう。

1―毎日、やる気満々で現れる

「待つ人はすべてを手に入れる」という格言がある。しかし残念なことに、それは最初の人が残していった余り物にすぎないこともある。責任感の強い人は、自分が期待されているときに現れる。しかし、非常に有能な人はもう一段上をいく。単に姿を現すだけでなく、そのときの気分や状況、見通しとは関係なく、やる気満々で現れるのだ。

2―常に向上する

フランクリンと同じように、非常に有能な人はみな、学び、成長し、向上するための方法を絶えず模索し続ける。秘訣は「それはなぜだ」と自問することだ。仕事をどのように行なうかを知っている人は仕事を失うことはないが、「それはなぜだ」という問いに対する答えを知っている人はさらにその上をいく。

3―最後までやり通す

優秀な人とは、最後までやり通す人である。私の経験ではみなそうだったし、あなたもそう思うだろう。質の高さは決して偶然ではない。それは常に、明確な意図、真摯な努力、聡明な方向性、卓越した実行力の結果であり、多くの選択肢の中から賢明な選択をしたことの証しである。

卓越した高いレベルで仕事をするかどうかは、あなたの意志と選択に常にゆだねられている。部下に任せる際、リーダーは部下が最後までやり通すことを期待するものである。部下はそれを知っているし、リーダーに対してはさらに多くのことを期待する。

4―期待以上のことを成し遂げる

非常に有能な人は、何かを成し遂げたうえで常にもうひと押しすることを心がけている。彼らにとっては、「よくできた」というだけでは不十分なのだ。ジム・コンウェイは『中年の危機』の中でこう書いている。

「偉大な人間になろうという意欲が減退すると、『とにかく精一杯やりさえすればいいんだ』という気持ちに陥りやすい。ホームランを打ってやろうなどとは考えない。要するに、デッドボールを受けずに試合が終わればいい、というわけだ」

リーダーはこういう姿勢であってはならない。リーダーたる者は、仕事をやり通すだけでなく、毎日、それ以上のことを実行する必要があるのだ。

5―人びとを鼓舞する

非常に有能なリーダーは、高いレベルで仕事をするだけではない。彼らはまわりの人びとを鼓舞して、高いレベルで仕事をするよう働きかける。人付き合いのうまさだけを頼りに生き残る者もいるが、有能なリーダーはそうした技術に加えて、自分が率いる組織を卓越した影響力のある組織にまで引き上げるために高い力量を発揮する。

自分と仕事の間に距離を置かない

あなたは仕事を成し遂げる際に、どういう取り組み方をするだろうか。熱意を持って可能なかぎり高いレベルで何事にもぶつかっていくタイプだろうか、ほどほどのレベルで満足するタイプだろうか。

有能な人物には、現実には次の三つのタイプしかない。

- 仕事を成し遂げるのに何が必要かがわかる人。
- 仕事を成し遂げることができる人。
- ここぞというときに仕事を成し遂げることができる人。

あなたは職業人としてどのタイプだろうか。考えるタイプか、実行するタイプか、まさかのときに頼りになるタイプだろうか。あなたが有能であればあるほど、まわりの人びとに影響力を行使できる可能性が高くなる。

あなたが職業人としてどのタイプであったとしても、リーダーとしての能力を磨き続けなくてはならない。あなたが取り組むべきことは、次の三つである。

1―仕事に意識を振り向ける

仕事に夢中になれないでいるとしたら、そのときこそ再び仕事に意識を向けよう。まず、仕事に再び専念する。そして適切な時間をかけて仕事に完全に集中する決意をするのだ。

次に、なぜ自分と仕事との間に距離が生じたのかを考えよう。新たな挑戦が必要なのか。上司や同僚ともめているのか。仕事が行き詰まっているのか。問題の根源を直視し、それを解決する計画を立てよう。

2―基準を見直す

一定の高いレベルで仕事ができていないなら、基準を見直すべきだ。目標が低すぎないか。手を抜いていないか。もしそうなら、精神状態を整え、自分に対する要求水準をもっと厳しく設定することだ。

3―向上するための三つの方法を発見する

向上心を持たないかぎり、向上することはできない。研究して、仕事の技術を磨くために自分でできる三つの方法を見つけよう。もし見つかれば、それをやり通すために必要な時間とお金を投資しよう。

◆最後に

ビジネスマン向けの新聞の社説にこんな意見が書かれていた。

「われわれはまさしく失われた世代だ。ただし、〝迷子の世代〟と呼んだほうがいい。日々あくせくして働きながら、どこにもたどり着かない。きょろきょろ周囲を見回してお金を探しているだけだ。それがわれわれの唯一の基準になっている。そこには確固たる信念も倫理規範もない」

自分が設定した基準を上回ることは誰にもできない。最近、あなたが人知れず最善を尽くしたのはいつだろうか。

6

「勇気」

◆

勇気は、他のすべての資質を保証する。

勇気とは、「自分が恐れていること」をする力

次の三人の人物に共通する点は何だろうか。一九一四年にフロリダ州のデイトナで世界記録を樹立したカーレーサー、第一次世界大戦中にドイツ軍との空中戦で最多勝利を記録したパイロット、第二次世界大戦中に撃墜されて太平洋上を二二日間いかだで漂流した戦時特別顧問。彼らはみな、危険な状況に遭遇し生き延びた。彼らはみな、限界状況で勇気と驚異的な精神力を示した。そして、彼らはみな、エドワード・リッケンバッカーその人なのだ。

精神的であれ、肉体的であれ、経済的であれ、どんな難題が立ちはだかろうとリッケンバッカーは臆することがなかった。一二歳のときに父親が死んだので、彼は一家の稼ぎ手になるために学校をやめ、新聞、卵、ヤギの乳を売った。ガラス工場、ビール工場、靴工場、鋳物工場で働いた。さらに数年後にはレーシングカーの修理工として働き、二二歳でカーレーサーになった。そしてその二年後には世界記録を樹立した。

アメリカが第一次世界大戦に参戦したとき、リッケンバッカーはパイロットとして従軍しようとしたが、規定年齢を超えており、しかも学歴の基準にも満たなかった。そこでおかかえ運

転手として入隊し、上官たちを説得して戦闘機に乗り込んだ。彼は他の飛行士たちと違って大学卒ではなかったが、パイロットとしては抜きん出ていた。終戦を迎えるまでにアメリカのパイロットの中で最長の三〇〇時間の飛行記録を樹立し、敵軍との一三四回にものぼる空中戦を生き延び、二六機を撃墜し、名誉勲章と八つの殊勲十字賞、フランスからはレジオン・ドヌール勲章を受賞している。さらに、大尉にまで昇格し、飛行隊の指揮官に任命されている。

マスコミはリッケンバッカーの空中戦での勇ましさを高く評価し、彼を「アメリカの最高殊勲飛行兵」と呼んだ。しかし、戦闘での勇気について聞かれた彼は、「本当は怖かった」と認め、次のように語っている。

「勇気とは、自分の恐れていることをする力だ。恐怖心を抱かなければ、勇気を持つこともありえない」

その勇気は第一次世界大戦後も彼を助けることになる。一九三三年、彼はイースタン・エアー輸送(後のイースタン航空)の副社長に就任した。当時の航空会社はすべて連邦助成金で運営されていた。しかし、航空会社は経済的に独立しているべきだと考えた彼は、会社の運営方針を完全に転換することを決断した。彼は二年以内に会社を黒字にした。これは航空業界始まって以来の快挙だった。大統領が民間運輸会社との航空郵便の契約をすべて解約したとき、リッケンバッカーはその契約を勝ち取った。彼はイースタン航空を三〇年間にわたって率いて発展させ、七三歳で引退した。一〇年後にこの世を去ったとき、息子のウイリアムはこう記している。

「父にモットーがあったとしたら、それは私が何度となく聞かされた『オレは猛烈な闘士として戦い抜くぞ！』というセリフに違いない」

勇気は確実に伝染する

リッケンバッカーのような人物の一生を見ると、まず偉大な勇気に胸を打たれる。しかし、戦争の英雄だけでなく、ビジネス、政治、宗教などの分野のすべての偉大なリーダーにも偉大な勇気を見いだすことができる。組織が目覚ましく進歩するとき、リーダーが勇気ある決断をしたことは間違いない。リーダーとしての地位がその人物に勇気を与えるのではなく、勇気がその人物にその地位を与えるのだ。それはリッケンバッカー大尉にも当てはまる。

ラリー・オズボーンは、こう語っている。

「非常にすぐれたリーダーたちを観察していて最も目立つのは、彼らには共通点がほとんどないということだ。たとえば、あるリーダーが大賛成することを、他のリーダーは断固反対したりする。しかし、際立った共通点が一つだけある。それは、自らすすんで冒険することだ」
厳しい決断を迫られたときは、勇気に関する四つの真理を思い起こそう。

1 勇気は内面の戦いから始まる

リーダーとして直面する試練はすべて、自分の内面から始まる。勇気の試練もそうだ。心理療法家のシェルドン・コップが「すべての重大な戦いは己の中で繰り広げられる」と言っているとおりだ。

勇気とは、恐怖心を抱いていないということではなく、恐れていることをすることであり、慣れ親しんだ世界を離れて新しい領域へと突き進む力を持つことである。それはリッケンバッカーについても当てはまるし、あなたにも当てはまる。

2 勇気とは、物事を正しくすることである

公民権運動で知られるマーティン・ルーサー・キング牧師は、次のように宣言している。
「人間を測る究極の目安は、満足と安逸のときにどういう立場をとるかではなく、困難と議論のときにどういう立場をとるかである」

偉大なリーダーは対人関係の技能に長け、人びとに妥協点を見いださせて協力して働かせることができる。しかし、必要なときは断固たる態度をとる。

勇気とは行動原理であって、単なる考え方ではない。立ち上がって実行に移す確信がないのなら、絶対にすぐれたリーダーにはなれない。人びとの潜在能力を引き出そうという意気込みは、人びとをなだめたいという願望よりも常に強くなければならない。

3　勇気は、「この人についていこう」という人びとの気持ちをかき立てる

伝道師のビリー・グラハムは「勇気は伝染する。勇敢な人物が断固たる態度をとると、人びとの背筋はしゃんとする」と主張する。誰かが勇気を示すと、それを見ていた人びとは勇気づけられるものだ。リーダーが勇気を示すと、それは人びとを鼓舞する。そして、「このリーダーについていこう」という気持ちをかき立てる。私の友人ジム・メラードは　次のように説明する。

「リーダーシップとは、人びとに正しいことをさせる勇気の表現である」

4　勇気を持つと、人生はもっと広がる

恐怖心はリーダーに足かせをはめてしまう。ローマの歴史家タキトゥスは「安全を求める気持ちは、すべての偉大で崇高な事業を妨げる」と書いている。しかし、勇気はそれと反対の作

用を持っている。勇気は扉を開けてくれるのだ。それこそが勇気がもたらす最も素晴らしい恩恵の一つである。だから、イギリスの神学者ジョン・ヘンリー・ニューマンは「汝の人生がいずれ終わることではなく、いまだに始まっていないことを恐れよ」と言ったのだろう。勇気は良い始まりだけでなく、より良い未来をもたらしてくれる。

皮肉なことに、冒険する勇気を持っている人も持っていない人も、人生において同じ量の恐怖心を経験する。唯一の違いは、冒険しない人はささいなことを心配するという点だ。いずれにせよ恐怖心と疑念を乗り越えなければならないのなら、大いに勇気を持ったほうが得策だ。

「自分にはできない」と思うことをする

フランクリン・ルーズベルト大統領の妻で社会運動家のエレノア・ルーズベルトは、かつてこんなことを言っている。

「人間は恐怖心とじっくり向き合う経験をすることによって、強さと勇気と自信を身につけます。そして、『こんなに恐ろしいことがあっても生き抜いたのだから、次に何が来ようと平気だ』と言えるようになります。人間は、自分ができないと思うことをしなければならないのです」

あなたはいつも恐怖心にどのように対処しているか。真正面から向き合っているか。自己の限界を超えるような経験が日常生活の一部になっているか。それとも、恐怖心を感じることのない平凡な生活に甘んじているのか。生活の中でより多くの勇気を身につけるには、自分をどう変えなければならないか、それを考えよう。

勇気は日々の小さな努力の中で養われる。あなたにできることは何だろうか。

1―恐怖心と向き合う

外に出て、勇気がわいてくるようなことをしよう。たとえば、スカイダイビングをする、人前でスピーチをする(ほとんどの人にとって最大の恐怖だ)、劇に出演する、急流下りをする、ロッククライミングをする。本当の恐怖心に向き合うことができるなら、どんな活動でもいい。

2―相手と対話する

相手が従業員であれ、同僚であれ、肉親であれ、ほとんどの人は対決を避けている。もしあなたもそうなら、今週その人物と話をしてみよう。相手に文句を言ったり、ののしったりしてはいけない。愛をこめて本当のことを話せばいいのだ(スカイダイビングをした経験のある人なら、この程度のことは怖くないはずだ)。

3―大きな一歩を踏み出す

もしかすると、あなたは転職を恐れているのかもしれない。転職すべきだったとか新しい事業を始めるべきだったと心の中で思ったことがあるなら、今こそ真正面から向き合う時期だ。じっくり考えてみよう。配偶者、先輩、信頼できる友人に相談するといい。そして正しいことがわかったら、実行に移そう。

◆最後に

一九世紀の巡回牧師ピーター・カートライトが説教の準備をしていると、「礼拝にはジャクソン大統領が出席する予定だから失礼な発言のないように」との注意があった。

説教の途中で彼はこう言った。

「先ほど、『アンドリュー・ジャクソン氏がこの礼拝に出席する予定なので発言に気をつけるように』と言われました。しかし私は、罪を悔い改めなければジャクソン氏も地獄に落ちる、ということを言わなければなりません」

説教の後、大統領はカートライト牧師のところにやって来てこう言った。

「私の連隊の兵士がみな、あなたみたいだったら、私は全世界を打ち負かすことができるでしょう」

勇気ある行為は、思いがけないほど良い結果をもたらすものである。

7

「洞察力」

◆

賢いリーダーは、
聞いたことの半分しか信じない。
洞察力のあるリーダーは、
どちらの半分を信じればいいか知っている。

洞察力は、得意分野でなければ発揮されない

マリア・スクロドフスカは常に物事の核心に迫ろうとするタイプだった。子ども時代をポーランドで過ごした彼女は、学校と勉強が大好きだった。両親が戦時中に教師の職を失い、やむをえず数人の下宿人に部屋を貸したとき、彼女は何時間も雑用の手伝いをした。しかし、それでも彼女はクラスでトップの成績を収めて高校を卒業した。しかも、どのテストも占領軍の言葉であるロシア語で行なわれたにもかかわらず。

マリアは高等教育を受けることができなかったので、家政婦と家庭教師を兼ねて働いた。そしてどうにか姉をパリの医学校に送るだけのお金を貯めた。次に、彼女自身もソルボンヌで学ぶためにパリに移った。そして二年後には首席で物理学のクラスを終了し、さらに一年間勉強して数学の修士号を取得した。

マリアがフランス産業界の発展のために実験を積み重ね、本格的に研究に打ち込む決意をしたのはちょうどそのころである。しかし、心の底から願っていたのは、ウラニウム光線の謎を解明することだった。

もっと設備のよい研究所を探していたとき、将来の夫であり研究パートナーとなるピエールと出会った。世間ではマリア・スクロドフスカという名前よりも、ピエール・キュリーと一八九五年に結婚してからの婚姻名のほうがよく知られている。彼女自身、「マリー・キュリー夫人」という名前を好んで使った。

その後、キュリー夫人は放射能の分野で画期的な仕事をし、核物理学と近代放射線医学の研究の扉を開いた。一九〇六年にピエールが事故でこの世を去ってからも、彼女は仕事を続け、数多くの画期的な発見を成し遂げた。

彼女はこんなふうに言っている。

「生きることは誰にとっても容易ではありません。けれども、それがどうしたというのでしょう。人はみな、強い忍耐力と自信を持たなければなりません。私たちは、自分には何らかの才能があり、それを発揮することは一人ひとりが負っている義務であると信じなければなりません」

キュリー夫人はその研究成果によって偉人と認められるようになった。実際、一五個の金メダル、一九の学位、二つのノーベル賞(物理学賞と化学賞)を受けている。

キュリー夫人の粘り強さは、旺盛な知識欲だけでなく、研究成果の実用化にも表れた。第一次世界大戦中、戦場の実態を知った彼女は、自分の発見した技術が人命救助にも役立つ可能性があることに気づいた。彼女は娘のイレーヌ（後にノーベル化学賞を受賞）とともにX線撮影法を開発し、救急車にX線撮影装置を搭載する運動を推進した。そして、一五〇人の技術者にその装置の使い方を教えた。また、パリ大学にラジウム研究所を設立するのにも貢献した。その建設の現場監督を務めただけでなく、広く欧米から基金と物資を集めた。

キュリー夫人は「人生においては何事も恐れるべきではありません。何事もひたすら理解するよう努めるべきなのです」と述懐している。彼女の知性と洞察力は、多くのことを理解し、世の中の利益になるような発見を生み出した。しかし残念ながら、彼女の鋭い洞察力は健康面にまでは及ばなかった。放射性物質の研究の最先端にいた彼女は、大量の放射線から自分自身を守れなかったのだ。仕事は彼女の体を徐々にむしばんでいった。そして、突如として体調を崩し、一九三四年に白血病でこの世を去った。六六歳だった。

洞察力とは「欠けている部分」を見る能力

洞察力とは、物事の本質を見極める能力のことであり、合理的思考と同時に直感に基づいている。有能なリーダーは洞察力を必要とするが、いつもそれを発揮するとはかぎらない。たとえば、リーダーたちの次のようなコメントがいい例だ。

「ウェリントンは駄目な将軍だ。イギリス兵は腰抜けだ。フランス軍は昼食までに事態を制圧できるだろう」

――ナポレオン（ワーテルローの戦いを前に、将軍たちと朝食をとりながら。一八一五年）

「コンピュータは全世界で五台もあれば十分だ」

――トーマス・ワトソン（IBM創業者。一九四三年）

「私にはボディガードなどいらない」

――ジミー・ホッファ（アメリカの労働運動指導者。陪審員買収と公金横領で逮捕されたが、活動の一時停止を条件に減刑され出所、発言の一か月後に行方不明となる。一九七五年）

洞察力は、最大限に成果をあげたいと望む指導者にとって不可欠な資質である。それは、次のいくつかの重要なことをするうえで役に立つ。

1―問題の根源を見つける

大きな組織のリーダーは毎日、混沌とした複雑な状況に対処しなければならない。どれ一つとってみても、その全体像を完全に把握するために十分な情報を集めることなど決してできない。したがって、洞察力に頼らざるをえなくなる。マクギル大学の研究員ヘンリー・ミンツバーグはこう言っている。

「組織の効率性は、合理性という偏狭な概念の中にあるのではなく、明晰な論理と鋭敏な直感力の混合の中にある」

洞察力は、リーダーが全体像の一部を見て、欠けている部分を直感によって補い、問題の根源を見つけることを可能にする。

2―問題解決力を高める

問題の根源を見つけることができるなら、解決することもできる。得意分野に近ければ近いほど、根本的な原因を見抜く直感力と能力を発揮することができる。自分の中に秘められた洞察力を発揮したければ、得意分野で努力することだ。

3―最大限のインパクトを発揮するための方策を見つける

経営コンサルタントのロバート・ヘラーはこんなアドバイスをしている。

「直感を決して無視するな。しかし、それで十分だとは決して思うな」

洞察力は直感力だけに基づくものではないが、知性だけに基づくものでもない。直感と知性の両方を駆使すれば、洞察力によってあなたの部下と組織にとって最善の方策を見つけることができる。

4―機会を増やす

洞察力に欠ける人びとは、ふさわしいときにふさわしい場所に身を置くことがめったにない。まわりの人びとからすると、偉大なリーダーは運がいい、と見えるかもしれない。しかし、私の見るところでは、リーダーは経験と直感に基づく洞察力を駆使して自分の運を創造しているのだ。

洞察力を磨けば、「運」は自分で生み出せる

あなたは洞察力のあるリーダーだろうか。複雑な問題に直面したとき、問題の核心をすぐに

把握できるだろうか。あらゆる情報を入手しなくても、難問の根本原因を解析できるだろうか。自分の知性と経験を信頼するのと同じように、自分の直感力を信頼できるだろうか。

もしできないのであれば、直感力を身につける必要がある。伝統的ではない考え方を尊重しよう。変化、あいまいさ、不確実さを受け入れよう。経験に基づいて自分の地平線を広げよう。直感力は常に駆使していないと伸ばせない。

洞察力は、合理的思考と直感がバランスよく働いてはじめて発揮される。この二つの能力をバランスよく伸ばすにはどうすればいいのか。

1 — 過去の成功を分析する

過去にうまく解決できた問題を思い起こそう。その問題の根源は何だったのか。成功できたのはなぜか。その問題の核心をほんの数語で言い表せれば、将来起こりうる問題にもおそらく同様の仕方で対処できるだろう。

2 — 他の偉大なリーダーの考え方から学ぶ

あなたはどの偉大なリーダーを称賛するだろうか。職業と才能が自分に近いリーダーを何人か選び、その伝記を読もう。洞察力のある他のリーダーたちがどう考えるかを学ぶことによって、あなたの洞察力はよりいっそう深まるだろう。

3―自分の直感に耳を傾ける

直感があなたに話しかけてきて、それが正しかったときのことを思い起こそう。あなたはそのとき、それに耳を傾けたかもしれないし、傾けなかったかもしれないが、そうした経験に共通するものは何だったか。それについてよく考えてみよう。

◆**最後に**

長い間、スイスは時計作りにかけては確固たる地位を築いていた。最高級の腕時計で知られ、一九四〇年代には世界中の腕時計の八割を生産していた。

六〇年代後半、一人の発明家が新型の腕時計のアイデアをスイスの時計会社に提案したが、拒否された。実際、彼が企画を持ち込んだスイスの会社はどこも、消極的な反応しか示さなかった。

自分の設計に自信があった彼は、ある日本企業に企画を持ち込むことにした。その会社は名前をセイコーといい、彼の企画をもとにデジタル時計という新型の時計を完成させた。現在では、時計の全生産量の八割はデジタル時計である。

洞察力のある一つの決定が、運命の軌道をすっかり変えてしまうこともあるといういい例である。

8

「集中力」

◆

あらゆることを上手にできる人間はいない。
不思議なのは、上手にできることが
多少はあるという点だ。

一流に「これでよい」と満足する瞬間はない

一九九八年、大リーグのアトランタ・ブレーブスとサンディエゴ・パドレスがナショナル・リーグの優勝をかけて対決した。私は光栄にもそのうちの数試合を球場で見る機会に恵まれた。以前、サンディエゴに住んでいたころは地元パドレスの熱狂的なファンだったが、九七年にアトランタに引っ越してからはブレーブスにくら替えした。そしてシーズン中はずっとブレーブスを応援していたのだが、プレーオフでパドレスと対戦することになったため応援をやめた。トニー・グウィン選手と対戦するチームを応援する気にはなれなかったからだ。

トニー・グウィンは、過去半世紀でテッド・ウィリアムズ以来の最も偉大な打者である。打者としては異例の八個のタイトルを獲得している(これより多くのタイトルを獲得した打者はタイ・カッブだけである)。これまでの通算打率は三割三分九厘。グウィン選手のプレーを見るのは、じつに楽しい。いずれ殿堂入りを果たすことはほぼ間違いない(二〇〇七年、殿堂入り)。

知らない人がトニー・グウィンをたまたま道で見かけたら、彼が現役のメジャーリーガーだとは思わないかもしれない。身長一七九センチ、体重一〇〇キロという体格では、マーク・マグワイアのような花形選手とは見た目がかなり違う。しかし、見損なってはいけない。彼は大学卒業時にメジャーリーグとプロ・バスケットボールの両方からお呼びがかかったという、類いまれな才能を持つスポーツ選手なのだ。彼の成功のカギは、焦点を絞ることにあった。

トニー・グウィンはバッティングをこよなく愛し、その技術を磨くためならどんな努力も惜しまない。たとえば、大学時代にはじめて見つけて読んだテッド・ウィリアムズの『バッティングの科学』をシーズン中に何度も読み返し、バッティングのビデオを何時間も見る。家にはビデオテープがずらりとそろえてあり、衛星放送で受信した試合の録画テープも数多く収納されている。ロードに出てもビデオでの研究に余念がない。試合のために遠征するときは、ビデオデッキを二台持って出かける。自分の全打席を録画して編集するためだ。バットを振っていないときやビデオを見ていないときは、チームメートたちとバッティングについて語り合う。テッド・ウィリアムズなどの名選手とオールスター・ゲームで顔を合わせるときもそうだ。

グウィンにとって、「これでよい」ということはありえない。バッティングは彼にとって喜びだ。社交の場に現れるときも、バッティング用の手袋がポケットからはみ出ていたというエピソードが残っている。途中でバッティングの練習をしてきた証拠だ。さらに、練習もビデオ学習も他の打者との会話もしないときは、目と手の動きの連携を向上させるために卓球の練習などに取り組んでいた。選手生活をずっとサンディエゴで過ごすという決意も、技術の向上に役立った。彼はこう語っている。

「私の強みの一つは、自分の限界を知っていることだ。サンディエゴではあまり気が散らないからちょうどいい。マスコミからちやほやされることもないからね。おかげでいつもコンディションを維持できるから助かるよ」

なるほどそのとおりだ。グウィンは初シーズンを除いて毎シーズン三割以上の好打率を維持している。コラムニストのジョージ・ウィルによると、自分の仕事を見事に成し遂げる人は、驚異的な集中力を身につけているという。トニー・グウィン選手はその典型的な例だ。

「70：25：5」の法則を実行する

本当の意味ですぐれたリーダーになるには、焦点を絞る能力が必要だ。では、その能力を身につけるにはどうすればいいのか。そのカギは優先順位と集中力にある。

優先順位を心得てはいるが集中力のないリーダーは、何をすべきか知っていてもそれを成し遂げることができない。集中力があっても優先順位を心得ていないと、すぐれた能力があるのに進歩しない。しかし、優先順位を心得ていて、しかも集中力を身につけていれば、偉大な業績をあげることができる。

リーダーシップをとるべき立場にいるのに、小さなことにこだわっている人も多い。もしトニー・グウィン選手が盗塁の研究に自分のすべての時間を費やしたなら、やはり無意味だろう。たしかに、最近、彼は盗塁がうまくなった。これまでの盗塁数は全部で三〇〇を超える。しかし、それは彼の強みではない。もし彼が自分のすべての時間をバッティングではなく盗塁の研究に費やしていたら、時間と才能の無駄遣いと言うべきだろう。

そこで、自分の時間とエネルギーを活用するためには、どのように焦点を絞るかが大切な課題となる。次の指針を参考にしてほしい。

1 七〇パーセントを強みに割り当てる

自分の潜在能力を存分に発揮するすぐれたリーダーは、苦手なことより得意なことに多くの時間を使う。リーダーシップ論の専門家、P・F・ドラッカーは次のように述べている。

「不思議なのは、人間に上手にできないことがある点ではなく、うまくできることが少しはある点である。人はみな不完全であるというのは普遍的な真実だ。人の強みはいつも特定の分野にかぎられる。たとえば、偉大なバイオリニストのハイフェッツはおそらくトランペットを演奏できないだろうが、そんなことを指摘する者は一人もいない」

成功するには、自分の強みに焦点を絞ってそれを伸ばしていくことが大切だ。あなたが自分の時間とエネルギーと力量を注ぎ込むべき分野はそこである。

2｜二五パーセントを新しいことに割り当てる

成長は変化と同じだ。成長したいなら、変化と改善を継続しなければならない。それは、新しい分野に足を踏み入れることを意味する。グウィン選手は数年前にテッド・ウィリアムズ選手と話をした後で、新しいことを実行に移した。このベテラン選手から「内角球を打つことを覚えれば、もっといい選手になれる」とアドバイスされたのがきっかけだ。それまで外角球を好んで狙っていたグウィンは、内角球を打つ練習に取り組んで、打率を飛躍的に伸ばした。

自分の強みにつながる新しい技能の習得に時間を使えば、あなたはリーダーとして成長する。ここで次のことを肝に銘じておこう。リーダーたる者は、成長がストップしたらおしまいだ。

3｜五パーセントを弱点に割り当てる

自分の苦手な分野にまったく取り組まずにすむ人は一人もいない。大切なのは、弱点を最小限に抑えることであり、リーダーは部下に委任することによってそれを可能にする。たとえば、私自身、細々とした仕事は他の人びとに任せている。私の主催するコンファレンスの総合管理は、インジョイ・グループのチームが担当する。そうすれば、私はコンファレンスの場に行くとすぐに、自分の最も得意とすること（たとえばスピーチ）に集中できる。

最高の投資は、得意分野にする

自分がどのくらい的を絞れるか、自己採点してみよう。余計なことに気をとられてはいないか。弱点を直すために多くの時間をかけるあまり、強みを伸ばすことがおろそかになってはいないか。明らかに能力不足の部下に時間をとられてはいないか。もしそうなら、あなたはおそらく的を見失っている。

再び的を絞るために、次のことをしよう。

- 自分を向上させる。あなたにとって、自分は最大の資産にもなれば負債にもなる。
- 自分の最優先事項に取り組む。これは、強い決意を持ってしなければならないことだ。
- 強みを生かす。そうすれば、潜在能力を存分に発揮できる。
- 同僚と力を合わせて働く。人間は一人ではすぐれた業績を成し遂げられない。

集中力を最高レベルで発揮するために、あなたが考えなくてはならないことは何か。

1―強みに焦点を移す

自分が仕事でうまくできることを三つか四つリストアップしてみよう。それらのことをするために、あなたは自分の持ち時間の何割を使っているだろうか。自分の全資源の何割を得意分野に使っているだろうか。自分の時間の七割を得意分野に使えるように計画を立てよう。もしそれができないようなら、自分の仕事ないし職種を見直したほうがいいかもしれない。

2―弱点をスタッフに委任する

自分の仕事には必要なのだが、自分にはうまくできないことを三つか四つリストアップしてみよう。そして、そうした仕事をどのようにスタッフに委任すればいいかを決定しよう。新しいスタッフを雇う必要があるのか、すでにいるスタッフと責任を分担しながらこなせばいいのか。その計画を練ろう。

3―自分をレベルアップする

優先順位を検討したら、優先すべきことに集中しよう。自分の主な強みをワンランク・アップさせるには何をする必要があるか。新しい道具として何が必要か。自分の仕事ぶりを再考しよう。自分のレベルをワンランク・アップさせるために使う時間とお金は、自分にできる最高の投資である。

◆最後に

熟練した調教師は、ライオンの檻に入るときには椅子を持参するという。なぜ椅子なのか。ライオンを手なずけるには、麻酔銃を除けばそれが一番いい道具だからだ。調教師が椅子の四本の足をライオンのほうに向けると、ライオンは四本の足に同時に焦点を合わせようとするために立ちすくむ。

焦点が分散してしまうと、常に好ましくない結果を引き起こすということの一例である。

9

「与える心」

◆

名誉とは、
その人が「与えたもの」に対する
報酬である。

「火を分け与えても、ロウソクは減らない」

与える心を持った人というと、あなたは誰を思い浮かべるだろうか。アンドリュー・カーネギー、J・P・モルガン、アンドリュー・メロンといった二〇世紀初頭の億万長者の慈善家だろうか。それとも、ビル・ゲイツやジョーン・クロックのような現代の慈善家だろうか。これらの人物はたしかに数百万ドルを寄付している。しかし、ここでもう一人の慈善家を紹介しよう。あなたはおそらくその名前に聞き覚えがないだろうが、彼女は心のこもった最も意義深い慈善事業を行なった人物である。

彼女の名前はエリザベス・エリオットという。一九五〇年代のはじめ、先住民のケチュア族と接触するために宣教師たちといっしょにエクアドルに行った。その中には、以前からずっと彼女に求愛し続けているジムという若者がいた。ともに行動をし、エクアドルの先住民たちに奉仕するうちに、二人は互いに支え合うことを決意し、結婚した。

結婚して二年ほどが経過し、二人の間に生まれたバレリーという娘が生後一〇か月になったころ、ジムと他の四人の宣教師たちは、アウカ族という別の集団と接触するために行動を起こすことになった。しかし、この部族は凶暴なことで知られていた。彼らとの最初の接触に関する記録によると、一六〇〇年代に一人の宣教師が殺されている。彼らはそれ以来、近づいてくる外部の者を一人残らず襲った。エクアドルの他の先住民の部族ですら、彼らの凶暴性を恐れ、接触を避けてきた。

ジムと四人の宣教師たちがアウカ族と接触する準備をしているとき、エリザベスは五人が自らの命を危険にさらしていることを知った。しかし、彼ら夫婦はこの任務に命を捧げるつもりで現地にやって来たのだ。数週間にわたり、宣教師の一人が小さな飛行機でアウカ族の集落の上を飛び、空から物資を贈り物として提供した。さらに、自分たちの写真をばらまいて、部族に最初の接触の準備をさせた。

数週間後、ジムと他の四人たちはクラレイ川の岸辺に上陸し、キャンプを張った。そしてそこで三人のアウカ族と接触した。現地の人びとは友好的で受け入れ態勢が整っているように見えた。数日後には、さらに数人のアウカ族に会った。彼らは妻たちに「状況は着々と進展しつつある」と無線で伝えた。

しかし、その数日後、彼らは約束の時間になってもキャンプに戻って来なかった。妻たちは無線連絡をひたすら待ったが、無駄だった。数分がたち、数時間がたち、ついにまる一日がたった。エリザベスと他の妻たちは最悪の事態を恐れた。

捜索隊が男たちを探しに出かけ、無線で「一人の白人の死体が川に浮かんでいる」と悲報を伝えた。捜索隊は死体を次々と見つけた。五人の男たちはどれも同じように、アウカ族の槍で突かれていた。

こういう状況下でエリザベス・エリオットと同じ立場だったなら、たいていの人は帰国してしまうことだろう。アメリカでの快適な生活を捨てることはできても、配偶者を失うことに耐えられるだろうか。しかし、エリザベスは並外れた寛容の精神の持ち主だった。夫を失うという悲劇にもかかわらず、彼女はエクアドルの人びとに尽くそうと決意した。彼女はそのまま現地にとどまり、ケチュア族と生活をともにして彼らに奉仕した。

その後の展開は驚異的だった。他の宣教師たちがアウカ族との接触を試み続け、数年後、ついに成功した。エリザベスはすぐにその村に直行した。復讐するためではない。現地の人びとといっしょに仕事をし、彼らに奉仕するためである。エリザベスはアウカ族と二年間、いっしょに仕事をしながら生活をともにした。彼らの多くは、彼女がもたらした神の愛のメッセージを喜んで受け入れた。その中には、夫を殺した七人の男たちのうちの二人が含まれていた。

真のリーダーは、絶対に見返りを期待しない

人びとに訴えかける力という点では、与える心にまさるものはない。本物の与える心は、その場かぎりの出来事ではない。それは心の底からにじみ出るものであり、時間、お金、才能、所有物の使い方など、リーダーの生き方のあらゆる面に表れる。人びとがついていきたいと思うようなすぐれたリーダーは、自分のために物を集めたりしない。彼らは他人に与えるために物を集める。

与える心を身につけるための具体案を次に示そう。

1 ― 自分の持っているすべてのものに感謝する

自分の持っているものに満足していない人は、与える心を持つことがむずかしい。与える心は満足から生まれるが、より多くのものを手に入れたからといって与える心がおのずと身につくわけではない。億万長者のジョン・ロックフェラーは「私は数百万ドルを稼いだが、その金は私に幸せをもたらしてはくれなかった」と認めている。少しのもので満足できないなら、多

くのものが手に入ったからといって満足できるものではない。

2 他の人びとを優先する

リーダーの真価は、どれだけ多くの人びとが彼に奉仕しているかではなく、彼がどれだけ多くの人びとに奉仕しているかによって決まる。与える心とは、自分よりも他の人びとを優先する気持ちのことである。そういう気持ちになれれば、与えることはずっと容易になる。

3 所有欲に支配されない

私の友人アール・ウィルソンによると、人間は三つのグループに分類できるという。すなわち、持つ者、持たざる者、所有物に対して代価を払っていない者である。ますます多くの人びとが所有欲の虜になっている。

著述家のリチャード・フォスターは次のように書いている。

「現代人は物を所有することに取り憑かれている。物を所有すれば、それを支配できたと感じる。支配すれば、それがより多くの喜びをもたらしてくれると感じる。しかし、そんな考えは幻想にすぎない」

自分の心を掌握したいなら、所有物に支配されてはいけない。

4　お金を資源としてとらえる

かつてある人がこんなことを言った。

「お金に関するかぎり、誰も勝者にはなれない。金儲けに執着すると、金銭欲ばかりが強くなる。金儲けをしようとして、うまくいかなければ失敗者だ。儲けた金を使わなければけちん坊だ。儲けた金を使ってしまえば浪費家だ。金儲けに興味がないのは小心者だ。儲けた金をあの世に持って行こうとするなら愚か者だ」

お金に関して本当の意味で勝利を収める唯一の方法は、お金に縛られずに、価値のあることを成し遂げるために寛大な気持ちでお金を使うことだ。スタンレー・ジョーンズは、このことについて次のように表現している。

「金は召し使いとしては素晴らしいが、主人としてはひどい存在だ。金に振り回される人は、金の召し使いも同然だ」

5　与える習慣を身につける

一八八九年、億万長者のアンドリュー・カーネギーが「富の福音」という一文を書いた。彼はその中で、「裕福な人の人生には二つの時期がある。すなわち、富を蓄える時期とそれを再分配する時期だ」と書いている。

与える心を身につける唯一の方法は、自分の時間、注目、お金、資質を与える習慣を身につけることだ。リチャード・フォスターは次のようにアドバイスしている。

「金や宝物を手放せ。その行為には、われわれの内面に作用して、悪魔のような強欲を破壊する働きがある」

強欲の虜になってしまったなら、リーダーとして人びとを導くことはできない。

自分の死後も残るものにこそ、与える

あなたはリーダーとして与える心を身につけているだろうか。他人に付加価値を与える方法を常に模索しているだろうか。自分自身よりも偉大な何かにお金を捧げているだろうか。自分の時間を人びとに与えているだろうか。自分の人生を人びとのために捧げているだろうか。あなたに何の見返りも与えることができない人びとを助けているだろうか。

作家のジョン・バニヤンはこう断言している。

「あなたは、あなたに見返りを与えることが絶対にできない人のために何かをしないかぎり、今日という日を生きたことにはならない」

自分の人生の中のちょっとしたことでもいい、それを人に与えていないなら、あなたはリーダーとして与える心を身につけているとは言えない。

どのように与えれば、正しく与えたことになるのだろうか。「与える心」を育むために、あなたが日々気にかけるべきことは何だろうか。

1—何かを与える

自分が所有物にどのように拘束されているかを見極めよう。自分が本当に大切にしている物を、それを役立ててくれそうな人に与えよう。あなたにとって大切な人たちの中から選ぶのだ。その行ないが匿名でできると、さらにいい。

2—自分のお金を活用する

本当に偉大なこと、人びとの生活に好ましい影響を与えることをしたいというビジョンの持ち主を知っているなら、その人に資金を提供しよう。自分が死んだ後も残るような業績にお金を活用しよう。

3 — 指導する相手を見つける

すでにある一定のリーダーシップを身につけているなら、あなたが与えられるもののうちで最も価値があるのは、あなた自身だ。自分の人生を捧げることのできる相手を見つけ、より良いリーダーになるためにその人物に時間と資質を提供しよう。

◆最後に

フランスの作家ドミニク・ラピエールは、新しい本を書くための調査ではじめてインドに旅行したとき、出版社から支払われた印税の前払金で買ったばかりのロールスロイスに乗って颯爽と出かけた。現地にいる間に、必要な調査を完了したが、彼は別のことに目覚めた。極貧にあえぐ現地の人びとを助けるという情熱である。この情熱は永遠に彼の人生を変えることになった。

彼はまず、執筆、資金集め、人びとを助けるために時間とお金を捧げることという三つの活動に時間を割り振った。その姿勢は、「与えられないものはすべて失われる」というインドの詩人タゴールの言葉に要約される。ラピエールは自分の名刺の裏にこの言葉を印刷している。

あなたは今、執着することによって何かを失いかけていないだろうか。

10

「独創性」

◆

問題を丸く収めようとして、
自分の経験と確信を否定してはならない。

自ら事を起こす人だけが成功する

ケモンズ・ウィルソンは常に独創性を発揮する人物だった。七歳で働き始めて以来、彼は働き続けている。その職業人生は雑誌や新聞、ポップコーンを売ることから始まった。そして一九三〇年、一七歳のとき、綿の仲買人のもとではじめて決まった給料をもらうという仕事に就いた。仲買人の値札に数字を書き込む仕事で週給一二ドルを得たのである。

その後、週給三五ドルの簿記の仕事があると聞くと、ウィルソンはそれに応募し、その職を得た。しかし、給料をもらうと、一二ドルのままだった。昇給を求めると、翌週になって週給が三ドル増えていた。もう一人の簿記係は三五ドルもらっているのに、どうして自分は同額の給料がもらえないのかとたずねると、「一七歳の少年にそれほどの給料を渡すわけにはいかない」という返事だった。彼は退職を決意した。七五年以上にわたる職業人生の中で給与生活者として働いたのは、それが最後だった。

その後、ウィルソンはピンボールの機械や清涼飲料水の販売、自動販売機ビジネスなどさまざまな仕事に就いてお金を稼いだ。そしてついに母親のために家を買うだけのお金を貯めた。

彼はそのとき、家の建築は大きなビジネスチャンスだと気がついた。そこでテネシー州メンフィスで事業を起こし、戦後の建築ブームに乗じて富を築き上げた。

ウィルソンの独創性は大金を稼ぎ出したが、世の中に影響を与えることはなかった。しかし、一九五一年になると事情が一変した。その年、家族連れで首都ワシントンに行って休暇をとった際、アメリカのホテル事情がひどいことを痛感したのだ。一九二〇年代以降、マイカー旅行者を対象としたモーテルが全米いたるところに建設されていた。一部は家族向けの快適な宿だったが、それ以外ではベッドを一時間単位でレンタルしているところもあった。問題は、行ってみないとどんな所かわからないということだった。

ウィルソンは後にこう語っている。

「当時は、言葉で表現できないほどむさくるしい宿泊所もあった。しかも、どこも子どもの分を代金に上乗せしていた。スコットランド系移民の血が煮えたぎる思いがしたよ」

五人の子どもがいたウィルソンは、さんざんな目にあった。一晩で四ドルから六ドルもとられたうえに、子ども一人につき二ドルの追加料金を請求されると、宿泊代は一気に三倍にはね上がった。

ほとんどの人なら、文句を言って、そのことはもう忘れようとしただろう。しかし、独創性に富んだウィルソンは、それについて行動を起こし、何かをすることを決意した。彼は妻に「メンフィスに戻ったら、家族向けのちゃんとしたホテルをチェーン展開しよう」と言った。目標は四〇〇のホテルを建てること。それを聞いた妻は、ただ笑うだけだった。

ウィルソンはメンフィスに戻ると、最初のホテルの設計を手伝ってくれる専門家を雇った。清潔で簡素なホテルを建てて、客の期待に応えられるようなものを心がけた。さらに、それまで泊まったところには残念ながら備えつけられていなかったもの、たとえばテレビやプールなどもすべて設置するよう心がけた。翌年、メンフィス郊外にホテル・チェーンの最初の一つがオープンした。高さ一六メートルもある巨大な看板には、そのホテルの名前が光っていた。「ホリデイ・イン」である。

四〇〇軒のホテルを建てるには、ウィルソンが予想していた以上に長い時間を要した。一九五九年には一〇〇軒だったが、フランチャイズ制に転換したとたん、数が激増した。一九六四年には五〇〇軒、六八年には一〇〇〇軒を構えるまでになったのだ。そして七二年には、ホリデイ・インは世界のどこかで七二時間ごとに一軒のペースでオープンするようになっていた。七九年にウィルソンが心臓発作を起こして会社のリーダーシップをとることをやめたときも、その数はまだ増加していた。

ウィルソンはこう語っている。

「私は若いころ空腹だった。だから、飯を食っていくために何かをしなければならなかった。

後に心臓発作を起こして引退したとき、私はゆっくりするために家に帰った。そういう生活が一か月くらい続いたかな」

独創性に富んだ人物にとって、物事を創始するのをやめるというのは至難の業のようだ。

成功したければ、失敗の数を二倍にする

リーダーは常に機会を探し求め、行動する準備をしていなければならない。物事を創始することのできるリーダーは、どんな資質を持っているか。私の見るところでは、それは少なくとも四つある。

1―自分が何を欲しいかを知っている

ユーモアの精神に富んだピアニストとして知られるオスカー・レバントが、かつてこんなジョークを言っている。

「私は決心したとたん、すごく優柔不断になる」

残念ながら、これは多くの人に当てはまる。しかし、決断しないで業績をあげることはでき

ない。自己啓発の分野で知られる著述家のナポレオン・ヒルは、「すべての業績の出発点は願望である」と言っている。すぐれたリーダーになろうとするなら、自分が欲しいものは何かを知らなければならない。それこそが、チャンスをとらえる唯一の方法だ。

2―行動に向けて自分を後押しする

「やる気があれば何でもできる」という古い格言がある。独創性に富んだ人は、他の人びとからやる気を起こさせてもらう必要がない。快適な場所に安住せず、より高いレベルに自分を押し上げる責任は自分自身にあることを知っており、それを常に実行している。二〇世紀の偉大なリーダーの一人で、独創性に富んだ大統領だったセオドア・ルーズベルトはこう言っている。「私の業績には際立ったものは何一つ見当たらないが、おそらくこれだけは言える。私は自分がすべきだと確信したことを実行する。そして、何かを実行しようと決意したら、迷わず行動を起こす」

3―すすんでリスクをとる

自分の欲しいものを知り、行動に向けて自分を後押しすることができても、リーダーならもう一つのハードルを越えなければならない。それは、すすんでリスクをとることである。行動力のある人は常にリスクをとる。しかし、優秀なリーダーがすすんでリスクをとる理由の一つは、独創性に欠けると損をすることを知っているからである。ジョン・F・ケネディ大統領はかつて次のように主張した。

「行動計画にはリスクとコストがつき物だが、それは快適な場所に安住することに伴う長期的なリスクとコストに比べれば、はるかに小さい」

4 ― より多くの間違いを犯す

独創性に富んだ人の強みは、物事を創始することである。そのために、多くのミスを犯すという弱みも持っている。IBMの創立者トーマス・ワトソンはそのことをよく心得ていた。「成功するための唯一の方法は、失敗の数を二倍に増やすことだ」と彼は言っている。

独創性に富んだリーダーはより多くの失敗をするが、それでくじけない。目指す成功が大きければ大きいほど、失敗する確率が高くなるのは当然だ。ロバート・ケネディ司法長官はこのことを要約して、「あえて大失敗する人びとだけが、大成功を収める」と言っている。リーダーとして偉大なことを成し遂げたいなら、自らすすんで物事を創始し挑戦してみることだ。

チャンスは「来る」まで待ってはいけない

あなたは独創性に富んだ人物だろうか。あなたはチャンスを常に探し求めるタイプだろうか、それともチャンスが来るのを待っているタイプだろうか。直感力を生かして必要な行動を起こすタイプだろうか、それともずっと分析ばかりしているタイプだろうか。

元クライスラー社長のリー・アイアコッカは「たとえ正しい選択であっても、時期を逸すると間違った選択になる」と言っている。行動に向けて自分を後押しせずに快適な場所に安住しているようであれば、いち早く行動を起こさなければならない。

独創性を高め、チャンスを本当に物にするためにできることを挙げよう。

1 ― 思考様式を変える

もしあなたが独創性に欠けるなら、問題はあなたの内面に起因しており、他人が原因ではないということを理解しよう。行動を起こすことをなぜ自分は躊躇しているのかを突き止めよう。

リスクをとることを恐れているのか。過去の失敗にがっかりしているのか。チャンスの可能性があるのに気づかないのか。自分が躊躇している原因を見極め、本気で取り組もう。内面的に前進しなければ、外面的に前進することはありえない。

2―チャンスがやって来るまで待たない

チャンスというものは、向こうからわざわざやって来て「チャンスですよ」と教えてはくれない。だから、あなた自身が行動を起こしてチャンスを探し求めなければならない。自分の資産、才能、資質を全部数え上げてみよう。そうすれば、自分の潜在能力がどれくらいあるか、だいたいの見当がつく。あなたはどこにニーズを見いだすか。あなたの能力を求めているのは誰か。あなたが差し出すものを実際に強く求めているのはどんな人たちか。チャンスはいたるところに見つかるはずだ。

3―次の段階に移る

チャンスを見つけることと、それについて何かをすることは違う。ある人がこんなことを言っている。

「風呂に入っているときには誰もがいいアイデアを思いつく。しかし、風呂から出て体を拭き、そのアイデアを実行に移す人はほとんどいない」

最大のチャンスを選び、それを最大限に生かそう。それを実現するためにすべてのことをやり尽くすまで、決して投げ出してはいけない。

◆最後に

一九四七年、ニューヨークの広告代理店で働いていたレスター・ワンダーマンという若者がこれといった理由なしにクビになった。しかし、彼は、社長のマックス・サックハイムから多くのことを学べると確信していた。翌朝、彼は会社に行って、それまでと同じように働いた。しかも、無償で。

社長は一か月の間無視していたが、ついに彼に歩み寄ってこう言った。

「わかった、君の勝ちだ。金よりも仕事を欲しがっている男を見たのははじめてだ」

やがて、ワンダーマンは二〇世紀最大の広告業者の一人になった。彼は「ダイレクト・マーケティングの父」として知られている。潜在能力を明日発揮したいなら、大胆な行動を今日起こす必要がある、ということの実例だ。

11

「聞くこと」

◆

ささやき声に耳を傾けていれば、
叫び声を聞く必要はない。

相手の心に触れたければ、耳を傾ける

アメリカで最も影響力のある人は誰かと聞かれたら、あなたはどう答えるか。まずは大統領だろう。ＦＲＢ（連邦準備制度理事会）のアラン・グリーンスパン前議長も有力候補だ。マイケル・ジョーダンもリストに載せてもいい。彼の顔は世界で最も多くの人に知られている。ビル・ゲイツもリストに載せろという意見もあるだろう。

さてここで、あなたが意外に思われる候補者を紹介しよう。オプラ・ウィンフリーである。一九八五年当時、ウィンフリーはほとんど無名だったが、スピルバーグ監督の『カラーパープル』に若い黒人女性の役で出演し、さらにシカゴで放送された朝のトークショーの司会を一年間務めた。彼女が成功したのは、そのコミュニケーション能力の賜物と言えるだろう。

「人とコミュニケーションをすることが、私にとって自分の価値を高める方法です」と彼女は語る。そして、そのことで幼いころにほめられたという。

「二歳のときでした。私が教会で話をすると、人びとが『あの子は話がうまい。大したもんだ』と言ってくれたのです」

しかし、ウィンフリーは話をするだけでなく、人の話をじっくりと聞くことを心がけた。実際、聞く能力が彼女の主な資質と言ってもいいほどだ。それは会話においてだけではない。読書家である彼女は書き手の知恵を吸収しながら、その言わんとすることに「耳を傾ける」習慣を身につけた。小説や伝記をむさぼり読み、自分以外の人びとがどのように感じ、考えるのかを学んだ。また、そうすることによって自分自身についても学んだ。

人の話に耳を傾けるという彼女の資質は、職業人生においても大いに役立った。たとえばテレビ番組への応用だ。彼女は、放送中にどういう問題を取り上げればいいかを常に模索した。彼女は有名人や作家、専門家などを番組に招いたとき、ゲストの言わんとすることに耳を傾けた。スター歌手のマドンナはこう言っている。

「彼女はこんなに長い間、世間の注目を浴びているのに、ごく普通の人たちとも驚くほど親密な関係を築いている。どうしたらそんなことができるのか、私にはわからない」

人の話を聞くという彼女の能力は、目覚ましい成功と驚異的な影響力という報酬をもたらした。現在、彼女は世界で最も出演料の高い芸能人であり、資産価値はほぼ五億ドルに達する。番組の視聴者は全米だけで毎週三三〇〇万人にのぼる。

「オプラ・ウィンフリー・ショー」の成功にもかかわらず、あるとき、彼女はそれを打ち切ろうと考えた。結局、その代わりに番組をリニューアルすることになったのだが、彼女はスタッフにこう言って意見を求めた。

「仕事のことでなくてもいいのよ。番組のリニューアルは人生の変化のようなものだから。楽しくやりましょう。さあ、番組をもっと楽しくするためにはどうしたらいいのかしら。遠慮なくどんどん話して」

彼女はスタッフのさまざまな意見に耳を傾けた。

スタッフが出した意見の一つに対し、彼女は大きな疑問を感じたが、賢明にもその意見に耳を傾けた。それは読書クラブに関するもので、やってみると大成功を収めた。その結果、番組を通じて数十万人もの人びとが読書の習慣を身につけ、本から学び成長するようになった。生まれてはじめて本を読んだという人もいた。ウィンフリーは感激した。彼女にとって人生の目標は、人びとに貢献することなのだ。彼女こそ人の話に耳を傾けることによって成功を収めた見本と呼ぶべき人物である。

「人の話を聞かない人」にリーダーはいない

リーダーは人びとの協力を求める前に、彼らの心の琴線に触れる。それが「人間関係の法則」

である。しかし、相手の心の琴線に触れようとするなら、その人が心の中で何を思っているのかを知っておかなければならない。それを可能にするのが、相手の話に耳を傾けることなのだ。他人の話にあまり耳を傾けたがらないという傾向は、優秀ではないリーダーの特徴である。「経営学の父」と呼ばれるP・F・ドラッカーは、「経営上のすべての問題の原因は、コミュニケーションのまずさにある」と指摘している。私の見るところでは、たいていの場合、コミュニケーションのまずさは、相手の話をじっくりと聞かないことが原因である。

いたるところで、多くの人びとが自分の話を聞いてほしがっている。相手の話に耳を傾けることについて考えるとき、聞くことには二つの目的がある点を肝に銘じよう。一つは人びとと接触することであり、もう一つはそこから学ぶことである。だからこそ、次のような人びとに対して耳を傾けるべきなのだ。

1　部下

「この人についていきたい」と慕われるすぐれたリーダーは、部下との人間的な交流によって仕事以上のことを成し遂げる。すぐれたリーダーは、部下の一人ひとりがどういう人物であるかを時間をかけて見極める。チェスターフィールド伯爵フィリップ・スタンホープは「多くの人びとは自分の要求をかなえてもらうよりも、自分の話を聞いてもらいたがっている」と語っている。

もしあなたが事実ばかりを聞き、それを口にしている人物の心の声に耳を傾ける習慣を持たないなら、今後は焦点を変えて、じっくり相手の話を聞くことを心がけよう。

2 顧客

アメリカ原住民の格言に、「ささやき声に耳を傾けろ。そうすれば叫び声を聞く必要はない」というのがあるが、自分のアイデアに固執するあまり、顧客の苦情や提案に耳を貸そうとしないリーダーがいることに、私は驚きを禁じえない。ビル・ゲイツは自著『思考スピードの経営』(大原進訳・日本経済新聞社)の中で「不満を抱いている顧客は常に要注意だ。しかし、彼らは最大のチャンスでもある」と書いている。すぐれたリーダーは、自分が奉仕している人びとと交流することを常に優先している。

3 競争相手

詩人のサム・マルケビッチは「あなたが私の意見に賛成しないのは、私の意見をしっかり聞いていないからだ」と言っている。

もちろんこれはジョークだが、当たっている部分もある。他の組織を競争相手と見なすリーダーは、自分流を主張したり自己防衛をしたりすることに専念するあまり、その組織がしていることから何かを学ぶという姿勢を失ってしまうものだ。

CNNの名司会者、ラリー・キングがこんなことを言っている。

「私は毎朝、自分にこんなふうに言い聞かせている。『今日、私が口にすることは、私には何も教えてくれない。だから、もし何かを学ぼうとするなら、私は人の話にじっくりと耳を傾けなければならない』と」

リーダーは、他人の発言で行動を左右されたくないという考えに陥りがちだ。しかし、リーダーたる者、他人の話に耳を傾け、自分を向上させるにはどうすればいいかを学ぶ姿勢を忘れてはいけない。

4 ― 助言者

助言者を必要としなくてすむほど経験豊かなリーダーは一人もいない。私自身、父を含めて何人もの経験豊かなリーダーたちから多くのことを教わった。もし助言者がまだいないのなら、助言者になってくれる人を見つけよう。直接助言してくれる人がいないなら、何冊もの本を読んでみよう。実際、私はそうやってきた。大事なのは、始めることだ。

相手が話していないことを聞く

あなたは人の話を聞くのが得意だろうか。リーダーシップをとり始めたころ、私は人の話を聞くのが下手だった。自分がイニシアティブをとることばかりに気をとられていたからだ。しかし、いったんペースを落として身のまわりのことによく注意してみると、人の話をしっかり聞くほうが焦点が絞れてより多くのことが達成できた。

最近、あなたが人びとの言うことに耳を傾けたのはいつか。事実を把握するだけでなく、それ以上のことを聞き取ろう。たとえば、発せられた言葉だけでなく、感情や言外の意味を理解するためにも耳を傾けるのだ。

本当に聞かなくてはならないことを聞き逃さないために、あなたがすべきことは何だろう。

1——人びとの話を聞くことをスケジュールに組み込む

部下、顧客、競争相手、助言者の話にあなたはじっくり耳を傾けているだろうか。もしこれら四つのグループに属する人びとの話を聞くことを定期的にスケジュールに組み込んでいないなら、それらの人びとを軽視していることになる。日ごと、週ごと、あるいは月ごとに、それぞれのグループに属する人びとの話を聞く時間を設定しよう。

2―相手の立場に立って考える

聞き上手になるためのカギは、相手との共通点を見つけることだ。従業員や顧客と会って話をするときは、相手を人間として尊重していることを示すような質問を四つか五つするよう心がけよう。相手がどういう人物なのかを知り、相手との人間関係を築き上げるための共通点を探そう。

3―行間を聞く

人びとと交流する際、事実に関する部分に注意を向けるのは当然のことだ。しかし、感情に関わる部分を無視してはいけない。文章の場合は「行間を読む」と表現するが、会話の場合は「行間を聞く」という姿勢が大切だ。そうすることによって本音を探れる場合もある。これからの数日間、あるいは数週間、そういうつもりで相手の話に耳を傾けよう。

◆**最後に**

セオドア・ルーズベルト大統領は行動の人だったが、聞き上手でもあった。そして、まわりの人びとにもその能力を期待した。あるパーティに出席したとき、どの人も決まり切ったお世辞を言って相槌を打つだけなので、彼はうんざりした。そこで、会場で人に会うたびにほほ笑みながら、「今朝、祖母を殺しました」と言った。

ほとんどの人は大統領に会うというだけでたいへん緊張していたから、彼が言っていることが耳に入らなかった。しかし、ある外交官は違っていた。大統領がその言葉を口にすると、彼はそばに寄って来て「お祖母さまにとっては、当然の報いですな」と耳元でささやいたのだ。

大事なことを聞き逃さない唯一の方法は、相手の話に耳を傾けることである。

12

「情熱」

◆

他人の思惑ではなく、
自分の情熱にこそ
従わなくてはならない。

うまくできることに集中すれば、突出できる

「パパ・ジョンズ・ピザ」といえば、アメリカ屈指のピザ・チェーンである。ジョン・シュナッターによって一九八四年に創設されたこのピザ・チェーンは、最初の七年間で店舗数が四六に増え、次の七年間では一六〇〇にまで増えた。後半の七年間の驚異的な成功は、「爆発的成長の法則」によるものだった。すなわち、「組織を成長させるには部下を率いろ。組織を爆発的に成長させるにはリーダーを率いろ」である。では、パパ・ジョンズが最初の七年間で収めた成功の秘訣は何だったのか。

その答えは情熱だ。ジョン・シュナッターはパパ・ジョンズ・ピザを食べるだけでなく、寝ても覚めても一日中ピザのことばかり考えていた。レーマン・ブラザーズのアナリスト、マイケル・スパイサーは『サクセス』という雑誌の中で「ピザはシュナッター氏の人生であり、彼はそれに真剣に取り組んでいる」と書いている。

シュナッターの哲学は簡単明瞭だった。後に彼は、「自分がうまくできることに集中しろ。そうすれば、誰よりもうまくできるようになる」とアドバイスしている。彼がうまくできるのは、

急成長を遂げているビジネスの先頭に立つことである。しかも、それをすることを心から楽しみ、いつも陣頭指揮をとっている。

彼はあるとき、妻のアネットがルイビルで所有しているフランチャイズ店を訪れ、あまりの盛況にスタッフが忙殺されていることに気づいた。そこで彼は自らスタッフに交じって一時間半ほどピザ作りを手伝った。彼はそれほどピザ作りを愛しているのだ。事がすべて順調に運んでいるかどうか確かめるために、週に四、五回、抜き打ちで各店を回ることにしているともいう。彼は昔を振り返ってこう語る。

「二二歳のころ、私がピザの仕事を始めるという夢について話すと、人びとから変人扱いされたものだ。月に五、六店舗ずつオープンさせていくつもりだという話をすると、仕入れ先、銀行家、さらには友人ですら笑うばかりだった」

今では月になんと三〇店舗ずつオープンさせている。これは年間を通じて新しい店舗が毎日一つずつ増えることを意味する。まさに驚異的なスピードだ。

しかも、彼はそのスピードを速めていくつもりでいる。フランチャイズ店がメキシコでオープンしたのを皮切りに、ベネズエラ、プエルトリコなどの海外市場にも進出する計画だ。世界最大のピザ・チェーンに育て上げるまで立ち止まるつもりはないという。彼ならできるかもしれない。ピザ作りに情熱を傾け、自分のすべてをそれにかけているのだから。

「情熱のないリーダー」は存在しない

専門家たちは成功の秘訣を解明しようとして多くの時間を使っている。彼らは人びとの適性や教養、教育レベルなどの要素に注目しがちだ。しかし、何よりも決定的な差となるのは情熱である。アメリカのラジオ・テレビ業界の草分け的存在であるRCAの経営者デイビッド・サーノフは、「自分の仕事を愛していないようでは成功しない」と言い切っている。

すぐれたリーダーの人生を調べると、常識的な型にはまらない人たちが多い。たとえば、『フォーチュン』誌のトップ五〇〇社のCEO（最高経営責任者）の過半数が、大学の平均評定値で見ると「C」または「Cマイナス」だった。また、アメリカの歴代大統領の学生時代の成績は、ほぼ四人に三人が平均点以下という結果だった。さらに、億万長者の起業家たちの過半数は大学を卒業していない。一見したところ平凡に見える人たちが、偉大な業績をあげる要因は何か。その答えは情熱である。リーダーの人生において、情熱に取って代わるものはない。

次に紹介する情熱に関する四つの真理とそれがリーダーに与える影響について考えてみよう。

1―情熱は業績をあげるための第一歩である

願望は運命を決定する。偉大なリーダーたちを思い浮かべてみよう。彼らの情熱には驚かされるはずだ。人権のために闘ったガンジー、自由のために闘ったチャーチル、平等のために闘ったマーティン・ルーサー・キング牧師、技術のために闘ったビル・ゲイツ。

非凡な人生を送る人は誰でも、偉大な願望を持っている。このことはどの分野にも当てはまる。弱い願望は弱い結果しかもたらさない。ちょうど弱い炎が少しの熱しか発散しないのと同じだ。あなたの内面の炎が強ければ強いほど、願望は大きくなり、潜在能力はますます発揮される。

2―情熱は意志の力を強くする

あるとき、一人の冷静な若者がソクラテスのところに来て、「ああ、偉大なるソクラテス先生、私はあなたのもとに知識を求めてやって来ました」と言った。

ソクラテスは若者を海辺に連れて行き、いっしょに海の中に入って、若者の顔を三〇秒間水の中に突っ込んだ。そして顔を上げさせて息をさせると、若者が求めているものをもう一度繰り返させた。

「知識です。偉大なるソクラテス先生」

若者がそう答えると、ソクラテスは再び若者の顔をさっきより少し長く水の中に突っ込んだ。ソクラテスがもう一度同じ質問をすると、若者はついに息を切らして「空気です！」と答えた。

「よろしい」

ソクラテスはそう言うと、若者に次のように説明した。

「空気を求めるのと同じくらい必死になって知識を求めるなら、知識が得られるはずだ」

情熱に取って代わるものはない。それは、意志の力をみなぎらせる燃料のようなものだ。もし何かを切実に求めるなら、それを成し遂げるために必要な意志の力が備わる。そのような願望を持つ唯一の方法は、情熱を燃やすことだ。

3―情熱はあなたを変える

もし他人の思惑ではなく自分の情熱に従うなら、あなたはもっと献身的で生産的な人物に変身できるはずだ。しかも、そういう姿勢は他の人びとに影響を及ぼす。したがって、情熱は性格よりも影響力が大きいということになる。

4―情熱は不可能を可能にする

人間というものは、魂を燃え立たせると不可能なことがなくなるようにできている。心の中の炎は人生のすべてを高揚させる。情熱的なリーダーほど仕事ができるのは、そのためである。すぐれたスキルを持ってはいるが情熱のないリーダーと比べると、スキルでは劣っていても情熱を持っているリーダーのほうが素晴らしい業績をあげる。

情熱には偉大な力が秘められている。しかし、それにもかかわらず、多くの人は情熱に対して懐疑的な目を向けているようだ。社会学者のトニー・カンポロが現代社会をこんなふうに観察している。

「われわれを取り巻く風潮は、物質優先主義だけではない。もっとひどい状況だ。それが現代という時代なのだ。われわれは感情的に死にかけている。歌わず、踊らず、情熱を持って行動することもしない」

情熱はあなたの人生の特徴の一つになっているだろうか。毎朝、「よし、今日もまた情熱を持って仕事をするぞ」という気持ちで目覚めているだろうか。あなたは月曜日が好きだろうか。それとも、夢遊病者のように日々の決まり切った仕事を片づけるだけで毎日を過ごしているのだろうか。いいアイデアを思いついて、夜眠れないほどわくわくしたのはもう遠い昔のことなのだろうか。

情熱を持って生きていないなら、リーダーとしては困ったことだ。リーダー自身が本気で関与していないことについてリーダーシップを発揮するのは、絶対に不可能だ。リーダー自身が燃えていないなら、組織に情熱の火を灯すことはできない。

「火を灯してくれる人」と付き合う

情熱の火を灯すために、あなたにできることは何だろう。

1 — 自分の情熱を測る

あなたは人生と仕事についてどれくらいの情熱を持っているだろうか。それは、はっきりと目に見えるほど明らかだろうか。同僚や配偶者から、率直に言ってもらおう。情熱が人生に決定的な差をつけることを確信していないなら、あなたはリーダーとして情熱的だとは言えない。

2 — 初心に戻る

多くの人は人生のさまざまなことに振り回されて軌道から外れている。就職したころ、あるいはさらに子ども時代にまでさかのぼって考えてみよう。あなたは何に情熱を燃やしただろうか。数時間も数日間も費やすことができる活動とは何だっただろうか。昔の情熱を取り戻そう。そして、大好きだったことと比べて、今の仕事と人生を評価しよう。

3―情熱的な人びとと友だちになる

「類は友を呼ぶ」ということわざは間違いではない。実際、似た者同士がいっしょになってグループを作っている。自分の魂の中の火が消えたら、火を灯してくれる人びとのまわりに行こう。情熱は人から人へと伝染する。情熱を与えてくれる人びとと付き合う時間をスケジュールに組み込もう。

◆最後に

陸軍のビリー・ミッチェル将軍は一九一六年に航空部門に配属させられた。彼はそこで飛行機の操縦を覚え、それに情熱を燃やすようになった。飛行機は第一次世界大戦ではわずかな役割しか果たさなかったが、彼は制空権を握ることの軍事的な意義を実感した。

戦後、彼は空軍を創設するよう軍部に働きかけた。そして実際に飛行機によるデモンストレーションを何度も行なったのだが、そのたびに強い抵抗にあった。一九二五年、不満を募らせた彼は自分を軍法会議にかけるよう陸軍に要請した。翌年、彼は辞任した。

彼の無罪がようやく確定したのは、第二次世界大戦が終わった後のことだった。そして、死後、栄誉賞を授与された。彼は正しいと信じたことのためなら、どんな犠牲を払ってでも実行したのだ。あなたはどうだろうか。

13

「前向きな姿勢」

◆

成功者とは、
自分に投げつけられたレンガを使って
強固な土台を築き上げられる
人物のことだ。

失敗とは、成功までの「あと一歩」に気づかないこと

『ライフ』誌は、彼をこの千年紀のナンバーワンの人物に選んだ。彼の発明件数は、驚くなかれ一〇九三にのぼる。特許の取得数は世界の誰よりも多い。六五年間連続で、毎年少なくとも一つの特許を取得した。また、近代的な研究設備を開発したことでも知られる。彼の名前はトーマス・エジソンである。

ほとんどの人は、エジソンの能力を創造的天才の賜物だと考えている。しかし、彼自身はそれを努力の賜物だと考えていた。「天才は九九パーセントの汗と一パーセントのひらめきである」と彼は明言した。しかし、彼の成功にはもう一つの要因があったと私は見ている。すなわち、前向きな姿勢である。

エジソンは何事にも最善を期待する楽天家であった。「われわれが自分にできることをすべて実行したら、驚くほどの成果が得られるはずだ」という言葉を残している。白熱電球に適した素材を開発するために一万回も実験を試みたが、彼はそれを一万回の失敗だとは見なさなかった。実験をしくじるたびに、うまくいかない方法を発見したと考え、次の可能性にチャレン

ジした。彼は、自分がいずれ良い素材を見つけることができると信じて疑わなかった。その信念は彼のこんな言葉に要約される。

「人生の失敗者の多くは、もう少しで成功できることに気づかずにやめてしまった人びとだ」

エジソンの前向きな姿勢を最も如実に示す例は、六〇代後半に起こった悲劇に対する彼の身の処し方であろう。ニュージャージー州ウェストオレンジに設立した研究所は世界的に有名だった。彼は一四のビルからなるその研究所を「発明工場」と呼んでいた。その中心にあるのは、フットボールのフィールドの三つ分くらいはある敷地に建てられた巨大な建物だった。彼はスタッフといっしょにそこを拠点にして発明に取り組み、試作品を開発し、製品を製造し、商品を顧客に発送していた。まさしく、近代的な研究および製造施設のモデルだった。

エジソンはその場所を愛していた。そしてできるかぎり、そこで過ごそうとした。実験用のテーブルの上で寝たことすらあった。しかし、一九一四年一二月のある日、彼がこれほど愛していた研究所が火事になった。エジソンは外でその様子を見ながら、「子どもたちよ、お母さんを連れておいで。こんな火事は二度と見られないぞ!」と言ったと伝えられる。

たいていの人なら、この大惨事に意気消沈してしまったことだろう。しかし、エジソンは違った。悲劇に見舞われた後で、彼はこんなことを言っているのだ。

「私は六七歳だ。しかし、もう一度やり直すことができないほど年をとっているわけではない。

今までだって、何度もこういう目にあってきたんだ」

彼は研究所を再建し、それから一七年間にわたって働き続けた。彼はこうコメントしている。

「私はアイデアをいっぱい持っているが、時間が足りない。まあ、せいぜい一〇〇歳くらいまでしか生きられそうにないからな」

彼は八四歳でこの世を去った。

人生の不幸の原因は、弱音に耳を傾けることにある

もしエジソンが前向きな姿勢を持った人物ではなかったなら、発明家としてこれほどの成功を収めることはなかっただろう。どんな仕事においても、永続的な成功を収めている人はみな、人生に対して前向きな姿勢を堅持していることがわかる。

すぐれたリーダーになりたいなら、前向きな姿勢は不可欠だ。それは人間としての満足感を決定するだけでなく、他の人びとがあなたとどう関わるかにも影響を及ぼす。前向きな姿勢を持つとはどういうことなのかを知るために、次の四つについて考えてみよう。

1 心の持ち方は自分で選べる

ふつうの人は、誰かが自分をやる気にしてくれるのを待っている。そして、考え方はまわりの状況しだいだと考えている。しかし、心の持ち方かまわりの状況か、どちらが先なのだろうか。これはまさしく、鶏が先か卵が先か、というのと同じ命題だ。しかし、実際にはどちらが先かは問題ではない。昨日あなたに何があったかとは関係なく、あなたの心の持ち方はあなた自身が今日選択すればいいのだ。

精神医学者のヴィクトール・フランクルは、「人間の自由とは、どのような状況にあっても自分の心の持ち方を自分で選択できるということだ」と述べている。フランクルはナチスの強制収容所に送られて生き残った人物だ。彼は苦境にありながらも、最後まで心の持ち方が消極的にならないように努めた。これほど苛酷な状況においてもそれができるのであれば、あなたにもできるはずだ。

2 心の持ち方は行動を決定する

心理学者のデニス・ウェイトリーは、この問題についてこう述べている。

「勝者になるかどうかは、素質とか高い知能指数とか才能によって決まるのではなく、心の持ち方によって決まる。成功のカギを握っているのは、心の持ち方である」

心の持ち方は、その人の行動を決定するという意味できわめて重要な要素である。

3 あなたの部下は、あなたの心の持ち方を映し出す鏡である

私がいつも驚くのは、自分の心の持ち方は消極的なのに、部下には前向きに事に当たることを期待する人が多い点だ。しかし、「磁力の法則」とでも呼べる力が働いていることを知っておく必要がある。つまり、あなたの状態は、あなたが引きつける人の状態と一致する、ということだ。

エジソンの人生を調べてみると、彼の前向きな姿勢と情熱が彼を奮い立たせていただけでなく、部下に対しても成功に向かって邁進し続けるよう勇気づけていたことがわかる。彼は前向きな姿勢を人びとにはっきりと伝えた。彼はかつてこう語っている。

「もし子どもたちに情熱という資質を残すことさえできれば、それは計り知れない価値を持つ豪邸を譲り渡したのと同じだ」

4 前向きな姿勢を維持することは、それを取り戻すよりもたやすい

牧師であり、作家としても知られるユージン・ピーターソンがこんなことを書いている。

「憐憫は、人間が持ちうる感情の中で最も貴い。それに対し、自己憐憫はおそらく最も醜い。

それは無能の証しであり、われわれの現実認識をひどく歪める感情の病気であり、それにふける者を無用の存在にし落伍者にしてしまう麻薬のようなものだ」

もしあなたがすでに前向きな姿勢を持っているなら、それを維持してほしい。その反対に、もし自分と他人に最善を期待することが困難であっても、希望を捨ててはいけない。あなたの心の持ち方を選ぶのはあなた自身なのだから、今の状態を変えることは十分に可能なのだ。

自分を高めるための「正しい燃料」を選ぶ

イギリスの心臓外科医、マーティン・ロイド・ジョーンズ博士は「人生におけるほとんどの不幸の原因は、自分で自分に対する語りかけに耳を傾けてしまうことにある」と断言している。あなたは日ごろ、心の中でどんな声を聞いているだろうか。人に会うとき、「いやな目にあわされそうだ」と独り言を言っていないだろうか。新しい経験に直面しているとき、心の中で「失敗するぞ」という声を聞いていないだろうか。

消極的なメッセージが聞こえてきたら、自分をやる気にさせる言葉を自分に話しかける必要がある。自分の心の持ち方を訓練する最もいい方法は、否定的な考え方を排除して心が消極的にならないように努めることだ。

いつでもやる気を保ち、前向きでい続けるためにあなたがやるべきことを挙げよう。

1　適切な燃料を補給する

前向きな姿勢を維持しにくくなったときは、意欲を高める「燃料」を定期的に補給する必要がある。前向きな姿勢にさせてくれる本を読もう。消極的であればあるほど、心の持ち方を転換するのに時間がかかる。しかし、もし適切な燃料を心にしっかり補給するなら、前向きな姿勢を保つことができる。

2　毎日、目標を達成する

自分が進歩していないという理由で否定的な考え方に陥っている人がいる。もしあなたもそうなら、達成できそうな毎日の目標を設定することから始めよう。目標を確実に達成していくことによって、前向きな考え方を身につけられる。

3　やる気を起こさせるメッセージを壁に貼る

前向きな姿勢を維持するためには、その大切さを思い起こさせてくれるものが必要だ。自分が受けた賞や、自分を鼓舞してくれるメッセージを書いたポスター、手紙を利用している人はたくさんいる。あなたを鼓舞するようなメッセージを書いて、それを壁に貼っておくといい。

◆最後に

プロのスポーツ選手が素晴らしい才能を持っていることは一目瞭然である。しかし、一流選手を最高レベルにまで引き上げるのは「心」だ。テニスのクリス・エバートの例を紹介しよう。史上最高の女子スポーツ選手の一人であり、グランドスラム(四大大会)のタイトルを一八個も獲得し、一三〇九勝一四六敗という通算成績を残している。一七年間のプロ生活を通じて世界ランクは常に四位以内だった。彼女はこう言っている。

「良い選手と偉大な選手を分けるのは心の持ち方です。それは一試合にすると二ポイントか三ポイントの差でしかありませんが、それらの決定的ポイントでどんなプレーをするかが勝敗を決することがよくあります。心が強ければ、ほとんどどんなことでもできます」

あなたは、これからの人生で決定的ポイントをものにする心の準備ができているだろうか。

14

「問題解決力」

◆

あなたの夢の実現を、
何にも決して邪魔させてはいけない。

「文句を言う人」を成功者に変えるたった一つのこと

ディスカウントストア・チェーンのウォルマートを創立したサム・ウォルトンは、さまざまな呼び名で知られている。「小売店の敵」「商店街を破滅させる男」などだ。ウォルトン自身、「ウォルマートが成長していった時期に、小さい店がかなりたくさんつぶれた」と認めている。「一部の人びとは『小売店を救え』というスローガンを掲げ、大論争を巻き起こそうとしました。自分たちを絶滅の危機に瀕しているクジラに見立てたのです」

しかし、じつは、ウォルトン自身も田舎の小売店のオーナーだった。唯一の違いは、彼が問題を解決し変化させることのできたすぐれたリーダーだった、という点だ。

ウォルトンはオクラホマ州キングフィッシュで生まれ、ミズーリ州コロンビアで育った。高校時代には生徒会長に選ばれてリーダーシップを発揮、フットボールチームのクォーターバックとしてシーズンを全勝で飾ってチームが州大会の決勝に進出する立役者となり、さらにバスケットボールでも活躍した。

大学を卒業してから数年間働き、第二次世界大戦中は兵役に就いた。除隊後は大好きだった小売業を選び、妻とともにアーカンソー州の田舎町に移り住み、その土地でウォルトンズ・ファイブ・アンド・ダイム雑貨店を開いた。

ビジネスは順調だった。ウォルトンの頑張りも要因だったが、先見の明を発揮して、当時としては斬新なセルフサービス方式の店にしたことも正解だった。彼は懸命に働き、ビジネスを拡大し続けた。そして一九六〇年までに全部で一五店舗を構えるようになった。しかし、折しも競争相手のハーブ・ギブソンがアーカンソー州北西部にディスカウントストアを次々にオープンさせた。それらの店はウォルトンの店ともろに競合した。

ウォルトンはこう言っている。

「われわれには選択肢が二つしかありませんでした。雑貨店の業界にとどまってディスカウントストアの波に直撃されるか、自分たちもディスカウントストアを開くか、です。そこで私は国中を奔走し、このコンセプトを研究しました。そしてついに一九六二年七月二日、アーカンソーにウォルマート一号店をオープンさせたのです」

まもなくウォルトンは、次々に店をオープンさせていった。ウォルマート・チェーンは、ほぼ同時期に創立されたKマートなどに比べると小規模だったが、しだいに勢力を拡大していった。そしてその結果、次の問題に直面した。ウォルトンは店の計画と流通を改善する必要があることを悟った。彼とスタッフは、中央流通センターを創設することによって問題を解決した。

それとコンピュータ化とが相まって、大量発注や各店のニーズ把握が容易になり、迅速かつ効率的に商品を流通させることが可能になった。

新しい流通センターの創設に伴う資材や建築の経費が大きな負債となって経営を圧迫したときも、それは解決すべき一つの問題にすぎなかった。一九七〇年、ウォルトンはその問題を解決するために株式を公開することにした。

一九九二年に彼が死んだときには、会社は全米四二州とメキシコに一七〇〇以上の店舗を運営していた。田舎の小売店のオーナーだったサム・ウォルトンは、全米一の小売業者になっていたのだ。彼の死後も会社は発展し続け、リーダーシップをとる人びとが次々に問題を解決し、ウォルマートだけでなく、もう一つの小売チェーンの「サムズ・クラブ」を前進させている。

「問題は必ずある」と想定する

サム・ウォルトンのようなすぐれたリーダーは、常に挑戦を受けて立つ。そこが、勝利を収める人と文句を言う人の違いだ。他の小売業者たちが競争の激化に不満を言う間に、ウォルトンは持ち前の創造性と粘り強さを発揮して問題を解決し、競争を乗り越えたのである。

どんな分野であれ、リーダーは問題に直面するものだ。問題を避けることができないのは、三つの理由からである。第一に、われわれはますます複雑化し多様化する世界に生きているということ。第二に、われわれは人びとと相互に影響し合っているということ。第三に、直面するすべての問題をすべて制御するのは不可能だということ。

すぐれた問題解決力を持つリーダーは、次の五つの資質を発揮する。

1―問題は必ずあると想定する

問題は避けられない。だから、すぐれたリーダーは、問題は必ずあるものと想定する。そうでないリーダーは、絶えず窮地に立たされることになる。

アイルランド生まれのデイビッド・リビングストンはアフリカを探検した宣教師として有名だが、彼がリーダーの資質を身につけていたことを物語るエピソードがある。本国で宣教団を組織した人物がリビングストンに応援チームを派遣することを考え、こんな手紙を書いた。

「現在地に至るまでの安全な道は発見できましたか。もしできたのなら、応援を何人か派遣しましょう」

リビングストンの返事は次のようなものだった。

「安全な道が見つかったときにだけ助けに来るような人材しかお持ちでないなら、応援チームの派遣は遠慮いたします。私が必要としているのは、道がまったく見つからないときでも来てくれる人材ですから」

心を前向きに保ちながらも最悪の場合を想定して計画を立てるなら、どんな問題が起きても容易に解決できる。

2 ― 真実を受け入れる

人びとは次のいずれかの方法で問題に対応する。

- 問題を受け入れることを拒否する。
- 問題を受け入れ、それに耐える。
- 問題を受け入れ、それを改善しようとする。

リーダーは常に三番目の対応を心がけなければならない。

ニュースキャスターのポール・ハービーは「こんな時代だからこそ、今までにもこういう時代が常にあったことを思い起こすのは、意味のあることだ」と言っている。リーダー自らが困難な現実を直視しないなら、部下を指揮することはできない。すぐれたリーダーは厳しい現実から決して目をそむけない。

3　包括的な展望を持つ

リーダーは絶えず包括的な展望を持たなければならない。感情に流されたり、枝葉末節にこだわって大切なことを見失ったりしてはいけない。大多数の者は障害物を見るが、少数の者は目標物を見る。歴史は後者の成功を記録し、前者は忘れ去られる。

4　一回に一つのことを扱う

経営コンサルタントのリチャード・スロマがこんなアドバイスをしている。

「一度にすべての問題を解決しようとするな。問題を細かく分けろ」

最も頻繁に窮地に陥りやすいリーダーの特徴は、問題の量や大きさに圧倒されて問題の解決を先送りしてしまうことだ。もしあなたが多くの問題に直面しているなら、現在取りかかっている問題をきっちり解決してから次の問題に取りかかるように心がけよう。

5　失意のときに大きな目標を捨てない

すぐれたリーダーは、「人生は山あり谷あり」だということを理解している。だから、落ち込んでいるときではなく、リーダーとしての力がみなぎっているときに大きな決定を下す。

プロ・アメリカンフットボール（NFL）のフルバックとして活躍した、ボブ・クリスチャンは「開幕前のキャンプ中に自分の引退時期を決めることは絶対にしない」と言い切る。彼は谷の時期にあきらめてはいけないことを知っているのだ。

問題に直面したとき、あなたの「器」が明らかになる

著述家のジョージ・マシュー・アダムズがこんなことを言っている。

「あなたの考えることは、収入や家屋、社会的地位、世間の評判よりも、あなたの人生に大きい影響を及ぼす」

すべての問題はあなたの人間性を浮き彫りにする。つまり、どの問題も、あなたの考え方と人となりを如実に表すということだ。

問題に直面したとき、あなたはどういう反応をするだろうか。それを無視するか、問題がなくなることを期待するか。自分には問題解決力がないと感じるか。過去に問題を解決しようとして挫折した苦い経験があるか。あるいは、すすんで問題を処理するか。

障害物に直面しそれを乗り越えた経験があれば、問題を手際よく解決できるようになる。新たな問題を解決するたびに、だんだんうまく処理できるようになる。しかし、それを試み、失敗し、再び試みるという経験がなければ、いつまでたっても上達しない。

ただがむしゃらに取り組むだけでは問題解決能力は伸びない。問題解決能力を高めるためにできることを挙げてみよう。

1―問題を探す

もし今まで問題を避けてきたなら、問題を探し求めよう。問題を処理する経験を積めば、問題解決力は確実に向上する。改善する必要のある状況を見つけ、有効な解決策をいくつか考え出し、問題解決の経験を豊富に積んでいるリーダーに相談しよう。その人の決断から、難局にどう対処するかを学べるはずだ。

2―解決法を開発する

問題を解決するのが苦手な人は、問題にどう対処していいのかを知らない。試しに次のプロセスを実行してみよう。

● 時間――本当の問題を発見するために時間を使う。
● 学習――他の人びとがその問題に対してどういうことをしたかを知る。
● 支援――チームのメンバー全員にその問題をあらゆる角度から研究させる。
● 行動――最善の解決策を実行に移す。

3　すぐれた問題解決力を持つ人たちと交流する

もしあなたがすぐれた問題解決力を持っていないなら、その能力に秀でた人たちをチームに招くといい。あなたの弱点をすぐに補強してくれるだけでなく、あなた自身、多くのことを学べるはずだ。

◆**最後に**

一九二六年、アメリカのボクサー、ジーン・タニーはジャック・デンプシーを倒して世界ヘビー級チャンピオンの座に就いた。ボクシングを始めたころのタニーは、強打を得意としていた。しかし、プロになる前に両手を骨折してしまった。医者もマネジャーも、「もうこれで世界チャンピオンは無理だ」と彼に告げた。しかし、彼は何と言われようとくじけなかった。

「強打でチャンピオンになれないのなら、技でチャンピオンになってやる」

そう決意した彼は、技の習得に励んだ。そしてついに、ヘビー級史上、最も技巧派のチャンピオンになった。

あなたの夢の実現を、誰にも決して邪魔させてはいけない。

15

「対人関係能力」

◆

人びとは、あなたがどれだけ
気遣ってくれているかを知るまでは、
あなたの知識がどれだけ豊富であろうと
意に介しない。

人の弱い部分を見たときほど、優しく接する

医者以外の人には、ウイリアム・オスラーという名前はなじみがないかもしれない。一九一九年に七〇歳でこの世を去るまで大学教授として教鞭をとった医者であり、本も数冊書いている。その中の『医学の原理と実践』(Principles and Practice of Medicine)という本は、英語圏全体および日本と中国で四〇年以上にわたり医学教育に影響を与えた。しかし、彼が成し遂げた最大の社会的貢献は、医療にヒューマニズムを取り戻そうと尽力したことにある。

オスラーのリーダーシップの資質は、すでに子どものころに明らかだった。学校では最も影響力のあるリーダーだったし、対人技術は常に際立っていた。その後、医者になったとき、内科医たちが集まって情報を共有し互いに支援できるようにと、アメリカ内科学会を設立した。教師として医学部の機能を変革した。医学生たちを講義室から病棟に連れ出して患者たちと交流させた。医学生たちは患者から学ぶことが第一であり、それが最善の勉強であるというのが彼の信念だった。

オスラーは、医者に患者への共感を教えることに情熱を燃やした。彼は医学生たちにこう語

っている。

新聞を読めばわかると思うが、世間の人びとは、われわれ医者には科学偏重の傾向があり、患者一人ひとりを気にかけるよりも病気とその科学的側面にばかり注目しているという感情を抱いている。私は、諸君が医療に携わる際には患者一人ひとりを気遣ってほしいと思っている。病める哀れな人間と向き合っていると、われわれは人間の真の姿を見、その弱さを目の当たりにする。そんなとき諸君は、人間を見下すことのないよう、心を柔軟にして優しい気持ちを常に持ち続けてほしい。

共感を示しながら人間関係を築き上げるオスラーの能力は、一九一八年のインフルエンザ禍のさなかにある患者を治療した際の姿勢に要約できる。オスラーはふだんは入院患者を診察していたが、患者がかなりの数にのぼったため各家庭を訪問して治療することにした。ある少女の母親は、オスラーが日に二回往診に来て、娘に優しく話しかけて楽しく会話をしながら症状に関する情報を集めていた様子を次のように回想している。

少女の死が近いことを知ったオスラーは、ある日、真っ赤な美しいバラを紙に包んで持ってきた。それは自宅の庭に咲いていた最後のバラだった。彼はそれを少女に贈り、バラですら一か所にとどまり続けることができずに新しいところに行かなければならないことを説明した。少女は彼の言葉とそのバラから慰めを感じ取ったようだった。数日後、少女は息を引き取った。

オスラーもその翌年、この世を去った。イギリス人の同僚が彼についてこう言っている。

「史上最も偉大なこの医者は天寿を全うしたとはいえ、あまりにも早くこの世を去った。われわれにとって、彼は生涯の友人だった。実際、友情をはぐくむ天賦の才を持った、まれに見る人物だった。彼は、われわれ全員に興味を抱いて接してくれた。じつに素晴らしいことだと思う。彼の力の源はすべて、そのヒューマニズムと人間に対する非凡な関心にあった」

本物のリーダーが重視する「人間の六つの共通点」

人びととといっしょに働いて人間関係を築き上げる能力は、すぐれたリーダーシップを発揮するうえで絶対に不可欠だ。『エグゼクティブ・ウーマン』誌（一九九一年五月号）に、雇用者が従業員に最も望む三つの資質に関する調査が紹介されている。その一位が「協調性」で、雇用者全体の八四パーセントが人間関係の技術を求めていることが明らかになった。ちなみに、求める資質の上位三位以内に「学歴」と「経験」を掲げた雇用者は全体の四割にすぎなかった。

ここで考えてほしい。従業員に対人関係能力が必要だというのなら、その技術はリーダーにはもっと重要だということになる。人は誰でも仲良くやっていける相手といっしょにやっていこうとする。対人関係能力を持っていてもすぐれたリーダーになれるとはかぎらないが、対人関係能力を持っていなければ、すぐれたリーダーには決してなれない。

リーダーとして、すぐれた対人関係能力を磨くにはどうすればよいか。それには次の三つのことが必要になる。

1―リーダーの頭を持つ――人びとを理解する

人間関係を重視するリーダーの最初の資質は、相手の感じ方と考え方を理解する能力である。あなたが人びとといっしょに働くとき、人間には六つの共通点があることを認識しておこう。

- 人間というものは、自分が特別であると感じたがっている。だから、誠実な気持ちで彼らをほめよう。
- 人間というものは、より良い明日を待ち望んでいる。だから、彼らに希望を示そう。
- 人間というものは、方向性を求めている。だから、彼らに代わってうまく舵をとろう。
- 人間というものは、自己中心的である。だから、真っ先に彼らのニーズに応えよう。

・人間というものは、落ち込みやすい。だから、彼らを励まそう。
・人間というものは、成功を欲している。だから、彼らが勝つのを手伝おう。

リーダーはこれらの真理を認識し、一人ひとりを人間として扱わなければならない。それぞれの人を見、理解し、協力する能力は、人間関係で成功を収めるための大きな要素だ。つまり、全員に対して同じ方法ではなく、それぞれ異なる方法で接するという意味である。マーケティングの専門家、ロッド・ニコルズは、このことがビジネスでは特に大切だと述べ、さらに次のように強調している。

「もしあなたがどの顧客にも同じ方法で接するなら、特定の性格のタイプとしか成約に至らない。これでは、顧客全体の二五パーセントから三〇パーセントとしか取引できないことになる。しかし、もし四つの性格のタイプすべてに手際よく接する方法を覚えれば、おそらくすべての顧客と取引できるようになるはずだ」

2――リーダーの心を持つ――人びとを愛する

ディフィニティブ・コンピュータ・サービスのヘンリー・グルーランド社長はこの考え方をこんなふうに表現している。

「リーダーであることは、人びとを統率したいと願う以上のことを意味する。リーダーは人びとに共感し、心から気遣うことによって彼らの一番悪い面ではなく一番いい面を見つけだす鋭い洞察力を持つ」

相手を愛さないかぎり、彼らからついていきたいと思われるような真のすぐれたリーダーにはなれない。物理学者のアインシュタインがこんなことを言っている。

「地球上におけるわれわれ人間の状況は不可思議だ。一人ひとりは、理由を知ることなく、ほんの短い間この地球上に出現する。しかし、日々の生活を通して、誰もが一つのことを知っている。それは、人間がこの地球上に存在するのは、他の人びとのためだということだ」

3 リーダーの手を差し伸べる――人びとを助ける

アメリカ自動車業界の最大手、ゼネラル・モーターズ（GM）のルロイ・カーツはこう語っている。

「この業界では、多くの組織が滅亡していった。それらの組織を率いていたリーダーたちは、与えることではなく受け取ることに専念し、人材が他の資源と違って容易に取り替えられないことを理解できていなかったのだ」

人びとは、自分たちの利益をいつも念頭に置いてくれているリーダーを尊敬する。もしあなたが人びとから受け取ることよりも与えることを心がけるなら、彼らはあなたを愛し尊敬するだろう。それこそが、人間関係を築き上げるための基盤となるものだ。

「壊れた関係」は、そのままにしておかない

あなたは対人関係能力をどれくらい持っているだろうか。見知らぬ人びとともうまく付き合うことができるだろうか。相手がどんな人であっても、うまく付き合うことができるだろうか。長期にわたって互いに影響し合うことができるだろうか。築き上げた人間関係を維持できるだろうか。もし対人関係能力が未熟なら、リーダーシップは常にぎこちないものになってしまうだろう。

次に対人関係能力を高めるために、あなたが取り組むべきことを挙げよう。

1―頭脳を改善する

人びとを理解する能力を高める必要があるなら、そのテーマに関する本を数冊読むことから

始めよう。私ならデール・カーネギーの本もお薦めだ。そして人びとをしばらく観察したり、人と話をしたりして、本で学んだことを応用する。

2——心を強化する

人びとに十分な心くばりができていないなら、自己中心的な傾向から脱却する必要がある。友人や同僚の力になるためのちょっとしたことのリストを作成し、そのうちの一つを毎日実行してみよう。人びとを助けようという気持ちになるまで待ってはいけない。そういう気持ちになるためには、まず行動を起こすことだ。

3——壊れた人間関係を修復する

長く続いた後で崩れてしまった貴重な人間関係を思い浮かべよう。それを修復するためにできることは何か。その相手と連絡をとり、再び人間関係を築こう。もしあなたに非があるのなら、素直にそれを認めて謝ろう。相手をもっと理解し、愛し、相手のために奉仕しよう。

◆最後に

ノーベル賞作家のアーネスト・ヘミングウェイは「世界の首都」(The Capitol of the World) と題した短編小説の中で、父親と一〇代の息子パコの姿を描いている。

息子が家出した後、父親は息子を探して長い旅に出る。しかし、父は息子を発見することができず、最後の手段として、地元マドリッドの新聞に「愛するパコよ、明日の正午、新聞社の前で会おう。すべて許す。お前を愛する父より」という広告を出す。翌朝、新聞社の前には、破綻した親子関係を修復しようとして、パコという名の男が八〇〇人も集まった。

親子関係を含めて人間関係が人びとの生き方に及ぼす影響を過小評価しては絶対にいけない。

16

「責任」

◆

リーダーは何でも手放すことができる。
ただし、最終的な責任だけは
手放すことができない。

責任をとらずに「人の上に立つ」ことはできない

一八三五年の終わりごろ、テキサスの義勇軍がサンアントニオの小さい砦を包囲した。その中に立てこもっていたメキシコの兵士たちは年末には降伏して南へ向かい、砦を義勇軍に明け渡した。その砦はもとはアラモという名の古い教会だった。

これが、アメリカ史上に残る英雄伝の幕開けとなった。翌年の二月と三月に起こった戦いは、果断と責任感の物語である。

アメリカ人入植者たちとメキシコ軍の戦いは起こるべくして起こった。それまで二五年にわたり、テキサス市民はメキシコ政府からの独立を勝ち取ろうと何度も闘った。そしてそのたびにメキシコ軍が派遣され、反乱は鎮圧されたのである。しかし、今回は違った。砦には一八三人の意志堅固な義勇兵たちが陣取っていた。その中にはデイビー・クロケット、ウイリアム・トラビス、ジム・ボウイといったベテラン兵士や開拓者らが含まれていた。勝利か死か。それが義勇軍のモットーだった。

二月末、アントニオ・ロペス・デ・サンタ・アンナ将軍率いる数千人のメキシコ軍がサンアントニオに進軍し、アラモを包囲した。メキシコ軍は降伏の条件を提示したが、義勇兵たちは応じなかった。「戦っても何の得にもならないぞ」と言われても、彼らは動じなかった。

戦いが避けられないことが明らかになったとき、義勇兵たちはテキサス軍に援軍を求めるため、ジェームズ・ボンハムという名の若者を派遣した。真夜中、彼は夜陰に乗じて砦を抜け出し、一五〇キロ離れたゴリアドに助けを求めた。しかし、到着したとき、「一人の兵士も準備できない」と告げられた。

一一日間、サンタ・アンナはアラモを攻撃した。一八三六年三月六日の朝、メキシコ軍はその古い教会を襲撃した。戦いの果てに、立てこもっていた一八三人全員が死亡したが、彼らは敵軍の兵士六〇〇人を道連れにした。

さて、ゴリアドに派遣された伝令、ジェームズ・ボンハムはどうなったか。彼にしてみれば、そのまま逃げることもできただろう。しかし、彼は非常に責任感の強い人物だった。彼はアラモに戻ると敵陣を突破して砦に入り、盟友たちとともに戦って死んだのだ。

こうして、テキサス独立戦争はメキシコとの戦いのターニング・ポイントになった。「アラモを忘れるな」は、その後繰り広げられた戦いのスローガンとなり、サンタ・アンナ将軍とその軍隊に反対する勢力を結集することになった。それから二か月を待たずして、テキサスは独立を勝ち取ったのである。

「八時間を超える労働は、未来への投資である」

昨今のアメリカ社会では、ボンハムとその盟友たちが示したような責任感はまれにしか見ることができない。現代人は責任よりも権利を主張しようとするからだ。

私の友人ハドン・ロビンソンは現代の風潮を評して、「金持ちになりたいなら、人びとの被害者意識に投資するといい。これはアメリカで最も急成長を遂げている産業だ」と言っている。彼によると、被害者たちを探し出し、代理人となり、面接をし、治療をし、保険をかけ、カウンセリングをすることで数百万人が金儲けをしているという。

すぐれたリーダーは決して被害者意識を抱かない。自分の地位や状態は自分の責任であり、親、配偶者、子ども、政府、上司、同僚の責任ではないことを知っている。人生で起こることに向き合い、全力を傾けて対処する。自分が責任を引き受けることによってのみ、人びとを導く機会が得られることを知っているからだ。

責任感の強い人の特徴をいくつか列挙しよう。

1 仕事を成し遂げる

ジョージア州立大学のトマス・スタンリー博士は自力で億万長者になった人びとを対象に調査を行なった結果、共通点を一つ発見した。それは、努力家であるということだ。ある億万長者は「なぜ一日一二時間も一四時間も働くのか」との問いに、こう答えている。

「われわれの社会では、人びとは生き残るために一日八時間働いていますが、一日八時間では生き残るだけで精一杯です。私は大企業で一五年間働いてようやくこのことを理解できました。八時間を超える労働はすべて未来への投資なのです」

最低限のことしかしないなら、潜在能力を最大限に発揮することはできない。

では、仕事を成し遂げるという姿勢はどうすれば維持できるだろうか。彼らは自分を自営業者だと考えている。より多くのことを成し遂げ、部下との信頼関係を築き上げたいなら、あなたもそういう心構えで仕事に臨むことだ。その姿勢を維持すれば、あなたは大きな成功を収めることができる。

2 自らすすんで、さらにもう少し努力を追加する

責任感の強い人なら、決して「それは私の仕事ではありません」と抗議しない。組織にとって必要な仕事は、自らすすんであらゆる手を尽くしてでも完了させる。成功を収めたいのなら、

自分の日程よりも自分の組織を優先しよう。

3 ― 卓越性を求める気持ちで自分を駆り立てる

卓越性を求める気持ちは、意欲を高める格好の資質だ。卓越性を求める人びとはみな、必ず責任感が強い。自分の持っているものすべてを発揮すると、平和な気分になる。成功に関する講演を数多く行なっているジム・ローンは、「ストレスの原因は、自分にできる水準以下のことしかしていない点にある」と言っている。質の高さを目標にしよう。そうすれば、責任感はおのずと生まれてくる。

4 ― どんな状況であっても仕上げる

責任感が強いかどうかは、つまるところ、与えられた仕事をきちんと仕上げることができるかどうかに尽きる。リチャード・エバンスは『開かれた道』の中でこんなふうに書いている。「責任をとって最後の細かい部分に至るまできちんと仕上げる人を見つけることと、与えられた課題を効率よく良心的に完成させる人が仕事を引き受けてくれたと知ること。この二つには、計り知れない価値がある」

人びとを導こうと考えるなら、あなたは自分に与えられた仕事をきちんと仕上げなければならない。

自分にできる最高の水準で仕事をする

ジルベール・アルランがこんなアドバイスをしている。

「弓の射手は的を外したとき、自分を振り返ってどこがよくなかったかを反省する。放った矢が標的の中心に当たらなかった場合、標的に原因があるわけでは決してない。狙いを定める能力を高めるには、まず自分を高めることだ」

あなたは責任感に関して的を射たことをしているだろうか。まわりの人から「最後まできちんと仕上げる人」という評価を得ているだろうか。プレッシャーのかかる状況でも周囲の期待に応えることができるだろうか。自分にできる最高の水準で今まで仕事をしてこなかったなら、これからはより強い責任感を身につける必要がある。

もっと責任感を身につけなくてはならないと気づいたとき、あなたにできることは何だろうか。次に挙げてみよう。

1―粘り続ける

困難な状況で最後まで仕上げることができないのは、粘り強さに欠けているせいかもしれない。締め切りに間に合わないとか、約束が果たせないとか、計画を開始できないという場合、どうしたら成功を収めることができるかを少し立ち止まって考えてみよう。あなたは徹夜で仕事ができるか。同僚に助けを求めることができるか。スタッフを雇ったりボランティアを募集したりして援軍を呼び寄せることができるか。創造性は責任感を身につけるうえで役に立つ。

2―より高い基準を設定する

すぐれた業績をあげることがむずかしいのは、今のあなたの基準が低すぎるせいかもしれない。私生活でなおざりにしている部分を探し、より高い基準を設定しよう。卓越性の基準を高く設定し直すのに役立つはずだ。

3―知的武装をする

基準を高く保ち、前向きな姿勢で努力を重ねているのに、望んでいるような業績があげられない場合、知的武装をするといい。講習に参加する、本を読む、テープを聞く、その道の達人に教えてもらうなどの方法でスキルを高めよう。熟達するために必要なことは何でもしよう。

◆最後に

カリフォルニア州バット郡のある囚人は、自分がなぜ刑務所から行方をくらましたかを保安官にこんなふうに説明した。

「棒高跳びの練習をしていたら、壁に近づきすぎて飛び越えてしまったんです。我に返って、刑務所に戻る道を探したのですが、道がわからなくて迷ってしまいました。ふと気がついたときにはだいぶ遠い所にまで来ていたようです」

人は他人の言い分を聞いているとしらじらしい言い訳だとすぐにわかるものだが、自分の言い分も、他人が聞けばしらじらしい言い訳であることがすぐにわかるということに気がついていない。

17

「心の安定」

◆

自分一人ですべてをやろうとしたり、
功績がすべて自分にあると
主張したりする人間は、
すぐれたリーダーになれない。

自分に不安なリーダーに、人はついてこない

レーガン大統領の時代に、先進七か国のリーダーが経済政策を議論するためにホワイトハウスに集まった。会議の場でカナダのピエール・トルドー首相が「全部間違っている。そんな政策ではうまくいかない」と言ってイギリスのマーガレット・サッチャー首相を激しく非難した。サッチャーは顔を上げたままトルドーの話を最後まで聞き、その場から立ち去った。

レーガンはその後でサッチャーのもとに歩み寄ってこう言った。

「マギー、彼はあなたに向かってあんなふうに話すべきではなかった。彼はほんとにどうかしているよ。なぜ彼にあんなことを言わせたままにしたんだい？」

サッチャーはレーガンの顔を見てこう答えた。

「男性が子どもっぽいことをしていると、女性はすぐにそれを見抜くものよ」

このエピソードはサッチャーの人となりをはっきりと表している。世界のリーダーとして成功を収めるには強くて精神的に安定している人物であることが必要条件になる。その人物が女性であれば、なおさらだ。

サッチャーは生涯を通じていつも困難を乗り越えてきた。オックスフォード大学では化学を専攻したが、その分野は男性が優位を占めていた。さらに、同大学保守派協会に所属し、初の女性会長になった。数年後、弁護士の資格を得て、税法を専門として開業した。

一九五九年、男性が圧倒的な優位を占めていた政界入りを果たし、国会議員に選出された。分析力があり、明確に意見を述べ、批判されても冷静さを失わないことから、討論会では対立政党とのディベートを任せられることがよくあった。彼女の確信は、「群衆に従うのではなく自分で決意しろ」という父親の教えに基づくものだったのかもしれない。

サッチャーは強い決意と高い能力を評価され、閣僚の地位をいくつか経験した。教育科学相を務めていたころ、「イギリスで最も人気のない女性」というレッテルを貼られた。しかし、彼女は非難を浴びても屈することなく努力を続け、人びとの尊敬を得た。そしてついに、イギリス初の女性の首相という地位にまで登りつめた。

首相に就任してからも批判の矢面に立った。国営企業を民営化したこと、労働組合の役割を限定したこと、フォークランド紛争に派兵したこと、対ソ保守政策を維持したことなどで議論を巻き起こしたが、どれも乗り切った。どんなに激しく叩かれても、自分の確信を貫き、自尊心を失わなかった。サッチャーはかつてこんなふうに言っている。

「私にとってコンセンサスとは、誰も信じないものを求めて信念と主義と価値観と政策をすべて捨てるプロセスのように思えます。『私はコンセンサスを支持する』というお題目を唱える人が、これまでどんな偉大なことをなしえたのでしょうか」

サッチャーは自分のリーダーシップに確信を抱いていた。「鉄の女」は三期連続で首相に選出された。近代イギリスでそれをなしえたリーダーは、彼女以外にはいない。

「人から認められたい」という気持ちを捨てる

サッチャーは、自分と自分の信念について疑念を抱いていなかったようだ。だから、リーダーシップをとるうえで精神的に安定していたのだ。これは偉大なリーダーすべてに当てはまる。

セルフイメージと一致しないレベルで生きることは誰にもできない。自分を敗者と見なす人にとって、負ける方法を見つけるのは簡単だ。そういう人は、精神的安定をおびやかすほどの成功を目前にすると自滅してしまうのだ。これは、部下だけでなくリーダーについても言える。

精神的に不安定なリーダーは、本人はもとより、部下にとっても組織にとっても危険な存在である。リーダーという立場が、人格的な弱点を増長するからだ。人生において抱えているマイナス要因が何であれ、それは人びとを導こうとするときに耐え難いほど大きくなる。

精神的に不安定なリーダーには、いくつかの共通点がある。列挙しよう。

1―人びとに安心感を提供しない

古い格言に「自分が持っていないものを人に与えることはできない」とある。技術を身につけていない人が他人に技術を教えることができないのと同じように、精神的に不安定な人は他人に安心感を提供することができない。人びとから「この人についていきたい」と思われるようなリーダーになるためには、彼らに安心感を提供する必要がある。

2―与えるよりも受け取るほうが多い

精神的に不安定な人は、人びとの承認と愛を絶えず探し求める。そのため、自分の安心感を見つけることばかり考えて、人びとに安心感を与えることができなくなる。与えるのではなく、受け取るタイプだ。このタイプの人はすぐれたリーダーにはなれない。

3―すぐれた部下を牽制する

精神的に不安定なリーダーは、部下の功績を心から祝福することができない。残念ながら、これは真実だ。部下が功績をあげないように画策したり、チームの功績を自分の手柄のように振る舞ったりすることすらある。精神的に安定したリーダーは、人びとに力を与えることができる。これが「エンパワーメントの法則」だ。それに対し、精神的に不安定なリーダーは、力をため込もうとする。実際、そういうリーダーは部下がすぐれていればいるほど、自分の地位がおびやかされると感じ、部下が功績をあげないよう躍起になる。

4―組織の足を引っ張る

部下は功績を認められなくてがっかりすると、その能力を存分に発揮できなくなる。そうなると、組織全体が損害をこうむる。

それとは対照的に、精神的に安定したリーダーは自分に自信があるから、部下を信頼することができる。傲慢になることがない。自分の長所と短所を知り、自尊心をしっかり持っている。部下がいい仕事をしても、自分の地位がおびやかされるとは感じない。優秀な人材を集め、その能力を存分に発揮して仕事ができるように配慮する。チームが成功を収めれば、素直に喜び、それを自分のリーダーシップに対する最大の評価だと考える。

自分のものではない成功こそ、祝福する

あなたはどれくらい自分を理解し自尊心を持っているだろうか。自分の長所を知り、それについて自信を持っているだろうか。自分の短所を知り、自分では変えることのできない短所を受け入れているだろうか。自分を含めて人はみな、それぞれに独自の性格と特有の才能を持っていることを認識すれば、他人の長所と成功を評価することがよりスムーズにできるようになる。

あなたはリーダーとしてどれくらい精神的に安定しているだろうか。部下がすぐれたアイデアを提案したら、あなたはそれを祝福するだろうか、あるいは抑圧するだろうか。人びとの勝利を祝福するだろうか。チームが成功を収めたら、あなたはメンバーたちの功績を認めるだろうか。もしそうでないなら、あなたは精神的に不安定なのかもしれない。精神的に不安定だと、あなた自身だけでなく、チームや組織全体を抑圧してしまうおそれがある。

組織全体の成果をあげようとすれば、まずはあなた自身の心の安定を確立しなくてはならな

い。あなたが取り組むべきは次の三つだ。

1　自分を知る

もしあなたが自分をよく知らないなら、時間をかけて自分について知ろう。性格テストを受けてみるのもいい。あなたをよく知っている人に質問して、あなたの長所と短所をそれぞれ三つずつ指摘してもらおう。その人たちの答えを聞いても弁解してはいけない。情報を集め、それについてじっくり考えよう。

2　他人の功績を認める

あなたのチームの成し遂げた仕事が他人の手柄になった場合、あなたは自分が成功できないと思っているかもしれない。しかし、それは違う。もしあなたが人びとに力を貸してその貢献を認めれば、あなたは彼らの士気を高めて組織を発展させることができる。そうなれば、あなたはすぐれたリーダーとして評価されるだろう。

3　カウンセリングを受ける

不安感をぬぐい去ることができないのなら、専門家のカウンセリングを受けてみるのも一案だ。問題の根源を理解することはあなたのためだけではなく、あなたを信頼している人びとのためでもある。

◆**最後に**

フランスの小説家バルザックは人間の本質を鋭い目で観察し、『人間喜劇』という大作の中で近代文明の全体像をとらえようとした。彼はこんなふうに論評している。

「人びととうまく付き合ううえでの最大の障害は、自分自身とうまく折り合いがついていないことである」

精神的に不安定でいると、能力を発揮できないということを肝に銘じよう。

18

「自己規律」

◆

最初で最大の勝利は、
自分自身を克服することである。

まずは、自分自身のリーダーになる

頂点に登りつめるまでの道のりは厳しい。自分の仕事で一流と見なされるレベルにまで達する人はそう多くはない。超一流のレベルに達する人ともなると、さらに少なくなる。しかし、ジェリー・ライスはそれを成し遂げた人物だ。彼は「フットボール史上最高のワイドレシーバー」と呼ばれ、しかも、それを裏づける記録を持っている。

彼を知る人びとは、彼のことを「天才」と呼ぶ。たしかに、彼の肉体面での天賦の才は驚異的だ。コーチがレシーバーに望むすべてを備えている。殿堂入りを果たした名コーチ、ビル・ウォルシュは「肉体的に彼ほどすぐれた選手はいまだかつていなかったと思う」とすら言っている。しかし、それだけでは偉大な選手にはなれない。彼の成功のカギは自己規律にあった。来る日も来る日も、プロ・フットボール界の誰にも真似できないほど、一生懸命に練習に励んだのだ。

自分をさらに上のレベルにまで高めるライスの能力は、きつい坂道を乗り越えた彼の経験からもうかがえる。最初の経験は高校時代のことだ。練習が終わると、いつもコーチが四〇メートルの坂道をダッシュで二〇回登り降りさせた。ミシシッピの蒸し暑い夏のある日のこと、彼は一一回登り降りした時点でリタイアしようと思った。しかし、こっそりロッカールームに向かう途中で、自分が何をしているかに気づいた。そこで、彼は自分に向かって「途中で投げ出すな。いったんそういう癖がついたら、それでいいと思うようになってしまうぞ！」と言い聞かせた。彼は引き返して二〇回のダッシュを完了した。それ以来、やりかけたことを途中で投げ出したことは一度もないという。

プロのスポーツ選手になってから、ライスは別の坂道をダッシュで駆け上がることで有名になった。カリフォルニアのサンカルロスにある起伏の多い約三・五キロの道でのダッシュをトレーニング・メニューに必ず組み込んでいる。他の一流選手たちも彼といっしょに走るのだが、とてもついていけず、彼のスタミナに驚嘆するという。

しかし、これはライスのトレーニング・メニューのごく一部にすぎない。シーズンオフになると、他の選手たちは釣りに出かけたりのんびり休養して過ごすが、ライスは朝七時から正午までみっちりトレーニングに精を出す。「あれだけコンディションの調整に余念のない男に比べれば、ハリウッド女優のシェイプアップなんてお遊びにすぎない」と言う者もいるくらいだ。プロ・フットボールのケビン・スミス選手によると、「多くの人が理解していないのは、ジェリーにとってフットボールは年に一二か月行なわれるスポーツだということだ」という。そして、

「彼は天才だが、さらに努力を積み重ねている。それが一流選手と超一流選手の違いだ」と言っている。

ライスは最近、さらに別の坂道を登った。重傷からのカムバックだ。それまで彼は一九シーズンで全試合出場を果たしてきた。労働倫理と粘り強さの証しだが、彼は一九九七年八月三一日にひざを故障し、そのシーズンの出場は絶望的と思われた。それまで、同様のケガを克服してシーズン中に復帰を果たしたのは、ロッド・ウッドソンだけだった。ウッドソンはひざのリハビリに励み、四か月半でカムバックした。しかし、ライスはなんと三か月半でカムバックを果たした。どんな苦難にも耐える根性、決意、猛烈な自己訓練の賜物だ。まさしく前代未聞の快挙であり、二度とこんなことは起こりえないかもしれない。彼はチームを勝利に導くと同時に、自らの記録を塗り替え、名声を築き上げたのである。

常に「困難へ報酬」になるよう意識を保つ

ジェリー・ライスは自己規律の力を具現した見事な例だ。自己規律なくして成功を収め、高い地位にとどまった人は一人もいない。どれほど才能豊かなリーダーであっても、自己規律を重んじないなら才能を最大限に発揮することは絶対にできない。自己規律はリーダーを最高のレベルにまで引き上げ、リーダーシップを長続きさせるカギなのだ。

自己規律を重んじるリーダーになりたいなら、次の行動計画を実行に移そう。

1―優先順位を決めて、それに従う

自分の気分や都合しだいで義務を果たすような人は、決して成功しない。人びとはそういう人を尊敬することもないし、そういう人についていきたいとも思わない。

かつてある人が「重要なことをするには、二つのことが必要である。計画と不十分な時間だ」と言った。リーダーの時間はかぎられている。そこでうまく計画を立てる必要がある。優先順位を決めて、重要ではないものを排除すれば、重要なことを仕上げるのはずっと簡単になる。それが自己規律の真髄だ。

2―規律ある生活習慣を自分に課す

ジェリー・ライスのように規律ある人の例を読むと、成功するためには自己規律が一時かぎりのものであってはいけないことがわかるだろう。自己規律は生活習慣でなければならないのだ。

自己規律を生活習慣にするための最善の方法の一つは、日常のルールを作ることである。長期的な成長と成功のために欠かせない分野については、特に効果的だ。たとえば、私は原稿を書いたり講演をすることが仕事なので、毎日、本や雑誌に目を通して将来使えそうなデータを保存している。また、一九九八年一二月に心臓発作を起こして以来、毎朝運動を欠かさないようにしている。季節によって、やったりやらなかったりというのではない。私はこれからも毎日続けるつもりだ。

3―言い訳をしない

規律ある生活習慣を身につけるには、言い訳をする癖をまず直さなければならない。一七世紀のフランスの文人、ラ・ロシュフーコーがこんなことを言っている。
「ほとんどの場合、われわれの欠点のほうが、それを隠そうとしてわれわれが考える方策よりもまだ許せる」

もし自己規律に徹することができない理由があるなら、それは単なる言い訳にすぎないことを理解しよう。リーダーとしてレベルアップしたいのなら、言い訳をしたくなる気持ちを排除する必要がある。

4 仕事が終わるまで報酬はお預けにする

著述家のマイク・ディレイニーがいみじくもこんなことを言っている。

「怠けても頑張っても報酬が同じだとしたら、その仕事や業界では、遅かれ早かれ、怠け者が幅をきかせるようになる」

自己規律を怠るような人は、野菜よりも先にデザートを食べる習慣が身についているのかもしれない。

報酬をお預けにすることの威力を切実に物語る話を紹介しよう。ある年配の夫婦がキャンプ地で二、三日過ごしていると、ある一家がその隣にやって来た。ワゴン車が止まると、夫婦と三人の子どもが降りた。一人の子どもがアイスボックスやリュックサックなどの荷物を積み降ろす間に、他の二人の子どもは素早くテントを張った。こうしてキャンプ用のテントはわずか一五分で張り上がった。

その様子を見ていた年配の夫婦は驚いた。老紳士は子どもたちの父親に感心しながら「あなたたちはいっしょに仕事をするのが得意なようですね」と言った。すると、その父親はこう答えた。

「決まり事があれば簡単ですよ。テントが張り上がるまでは誰もトイレに行ってはいけないことになっているのです」

5 ― 利点に意識を向ける

仕事の報酬よりも困難さに意識が向くときは、気分的に落ち込みがちだ。仕事の困難さばかりを考えていると、自己規律どころか自己憐憫に陥ってしまう。課題に直面しているのに逃げ道を考えてしまうときは、意識を変えよう。正しいことをすることの利点がどれだけあるかに意識を向け、課題に挑むのだ。

規律がなければ、「夢をかなえる力」は育たない

著述家のジャクソン・ブラウンに言わせると、「規律のない才能というのは、タコがローラースケートをするようなもの」である。動き回るのはいいが、前進しているのか後退しているのか、あるいは横に進んでいるのか、まったくわからない。頑張っているのに具体的な結果がなかなか出ない場合、自己規律が足りないのかもしれない。

先週のスケジュールを点検してみよう。どれだけの時間を定期的な活動に使ったか。専門分野で成長し向上するためにどんなことをしたか。健康に役立つ活動をしたか。収入の一部を貯

蓄や投資に使ったか。もし「後でやろう」と言いながら先送りしているとしたら、自己規律を徹底する必要があるかもしれない。

自己規律を徹底するために、あなたにできることは何だろうか。

1 優先事項を整理する

人生であなたにとって重要な分野を二つか三つ思い浮かべ、それを書いてみよう。ただし、その際、それらの分野で成長し向上し続けるために必要な自己規律も書き出そう。その規律を一日または一週間の決まり事にしよう。

2 利点を思い浮かべる

リストアップした規律を実践することの利点を書いてみよう。そして、目につきやすい場所にその紙を貼っておくことだ。規律をきちんと実践する気分になれないときは、そのリストを何度も読み返そう。

3―言い訳を排除する

規律をきちんと実践できないかもしれない理由をすべて紙に書き出し、それを全部読んでみよう。どれも言い訳にすぎないから、排除する必要がある。たとえその理由に正当性があるように思えても、それを乗り越える解決策を見つけよう。途中で投げ出す理由を見つけてはいけない。規律を実践するときにのみ、夢をかなえる力が備わる。このことを肝に銘じよう。

◆最後に

カナダのある園芸店にこんなポスターが貼ってあった。

「木を植える最適の時期は二五年前でした。二番目にいい時期は今日です」

あなたの人生に非常に大切な役割を果たす自己規律という名の木を今日植えよう。

19

「奉仕の精神」

◆

自分の地位を愛する以上に、
自分についてきてくれる人びとを
愛さなければならない。

一流のリーダーは「地位」にこだわらない

二〇年ほど前、アメリカ陸軍のノーマン・シュワルツコフ将軍が一躍脚光を浴びた。陸軍士官学校に在学中からそうであったように、湾岸戦争で連合軍を指揮する際にも非常にすぐれたリーダーシップを発揮し、作戦を成功に導いた。

ベトナム戦争の際には、だらしなかった軍隊を立て直した。特に第六歩兵連隊の第一大隊は「最悪の歩兵隊」と呼ばれて笑い者にされていたが、見違えるほど優秀な戦闘部隊に変貌を遂げ、困難な使命を遂行すべく選ばれるまでになった。任地となったバタンガン半島について、シュワルツコフは「悪性腫瘍のようなひどい地域」と呼んだ。この地域では三〇年以上も戦闘が絶えず、あたり一面に仕掛けられた地雷のために死傷者が続出していたのだ。

シュワルツコフはこれほどひどい状況の中でも最善を尽くせるよう努力した。犠牲者を激減させるための方策を実施し、兵士が地雷で負傷すると必ず現地に飛んで容体をチェックし、ヘリコプターを使って避難させ、他の兵士たちの士気を高めるような話をした。

一九七〇年五月二八日、一人の兵士が地雷で負傷したという知らせを受けたシュワルツコフは、すぐに現地に飛んだ。ヘリコプターでその負傷兵を避難させているときに、別の兵士が地雷を踏んで足に重傷を負った。その兵士は叫び声をあげながらもがき苦しみ、地面の上をはいずり回った。そのとき、そこにいた者全員が地雷は一つだけではないことに気づいた。彼らはみな、地雷敷設域に立っていたのだ。

シュワルツコフは、足を切断しなくてもその負傷兵は生き残れると確信した。しかし、そのためにははいずり回るのをやめさせなければならない。彼にできることは一つしかなかった。その負傷兵のところに行って動くのをやめさせることである。シュワルツコフはこう書いている。

　私は地面を見つめ、コブ状の小さな隆起物を探しながら、地雷敷設域をゆっくりと一歩ずつ歩いていった。一歩踏み出すたびにひざがガクガク震えるので、踏み出す前に両手で足をつかんで震えを止めなければならなかった。負傷兵のところにたどり着くまでに果てしない時間が経過したような気がした。

シュワルツコフは体重が一一〇キロもあり、士官学校ではレスリングの選手だった。彼は負傷兵を縛りつけた。その処置は負傷兵の命を救った。そして、エンジニア・チームの支援のおかげで全員が地雷敷設域から脱出することができた。

シュワルツコフがその日に示した英雄的行為は勇敢であるだけでなく、向こう見ずですらあった。しかし、彼の行為を最も的確に表現するなら、奉仕の精神の表れだと私は思う。あのときリーダーとしてとるべき唯一のすぐれた方法は、窮地に陥っている兵士に奉仕することだったのだ。

前進したければ、人を先に行かせる

奉仕の精神という言葉から、「組織の底辺に位置する、専門的スキルのない人たちによる行為」を連想する人が少なくない。しかし、それは間違っている。奉仕の精神とは、地位や技術には関係ない。それは心の持ち方に関することなのだ。奉仕する立場にありながら、その精神を理解せずに心得違いをしている人は少なくない。役所で働く横柄な役人、注文を聞きに来ないウエイター、客と応対せず電話で友人と話し込む店員などがそうだ。

リーダーが奉仕の精神を持っているかどうかも、やはり一目でわかる。実際、最高のリーダーは自分の利益を追求するよりも人びとに奉仕することを欲している。奉仕の精神を具現するというのは、いったいどういう意味か。奉仕の精神を身につけている本物のリーダーの特徴を列挙しよう。

1―自分のことよりも他人を優先する

奉仕の精神の第一の証しは、自分や自分の欲求よりも他人を優先する能力である。それは自分の問題をすすんで後回しにするという以上のことである。それは他人の必要性に応じ、すすんで他人を助け、他人の欲求を重要なものとして受け入れることができるという意味だ。

2―自分は他人に奉仕するという自信を持っている

精神的に安定していなければ、奉仕の精神を発揮することはまず不可能である。他人に奉仕する気になれないほど尊大な人は、精神的に不安定な人だ。われわれが他人にどう接するかは、われわれが自分のことをどう思っているかの表れでもある。哲学者であり詩人でもあるエリック・ホッファーは、このことについて次のように言っている。

われわれは自分を愛するのと同じように隣人を愛する。われわれは自分にするのと同じことを他人にもする。たとえば、自分を憎んでいるときは他人をも憎む。自分に寛大なときは他人にも寛大だ。自分を許すときは他人をも許す。したがって、この世の中に降りかかる災厄の根源は、自己愛ではなく自己嫌悪なのだ。

「エンパワーメントの法則」によると、精神的に安定しているリーダーだけが人びとに力を与えることができる。同様に、精神的に安定しているリーダーだけが奉仕の精神を発揮することができるのだ。

3 ― 自らすすんで奉仕する

強制されれば、ほとんど誰でも奉仕をする。また、危機に直面してはじめて奉仕するという人もいる。それに対し、自らすすんで人びとに奉仕する人もいる。偉大なリーダーは奉仕の必要性を感じ、機会を逃さず、見返りはまったく期待せずに人びとに奉仕する。

4 ― 地位にこだわらない

奉仕を厭わないリーダーは、地位や階級にはこだわらない。シュワルツコフが地雷敷設域に足を踏み入れたとき、軍隊での階級は彼の頭には一切なかった。彼は一人の人間の命を救うことに徹していた。むしろ、自分がリーダーであるという意識が、他人に奉仕しなければならないという義務感につながったとすら言える。

5　愛を持って奉仕する

奉仕の精神は、他人に対する心理操作や自己PRが動機ではない。それは愛によってかき立てられる。他人に対するあなたの影響力は、どれくらい他人を気遣っているかによって決まる。だから、自らすすんで人びとに奉仕することはリーダーにとって非常に大切になる。

「純粋な気持ち」を最後まで失わない

あなたは人びとに奉仕するとき、どういう気持ちからそうしているだろうか。特典や役得を期待してリーダーになりたいからだろうか。あるいは、人びとを助けたいという純粋な動機からだろうか。

人びとから「この人についていきたい」と慕われるようなリーダーになりたいのなら、奉仕の精神をまず身につけなければならない。奉仕するより奉仕されたいという気持ちだと、いずれ困った事態に陥るかもしれない。心の持ち方に問題があるなら、次のアドバイスに耳を傾けよう。

- 威張り散らすのをやめて、相手の声に耳を傾けよう。
- 昇進のために役割を演じるのをやめて、他人のためにリスクをとろう。
- 自分のことばかり考えずに、他人に奉仕しよう。

偉大な業績をあげる人は、全員に奉仕する。これは真理である。

リーダーに必要な他の素質同様、奉仕の精神も一朝一夕に身につくものではないが、小さなことから始めれば、誰にでも必ず身につく素質である。

1―ちょっとした親切を実践する

あなたはちょっとした親切を実践したことがあるだろうか。最近、そうしたのはいつだろうか。配偶者、子ども、親など、自分に最も身近な人から始めよう。あなたが気遣っていることを相手に示せるよう、ちょっとした親切を今日実践するための方法を見つけよう。

2　たくさんの人びとと交わる

私がはじめて人の上に立つことになったときに学んだ最大の教訓の一つは、父から教わったものである。大勢の人びとが集まっているところをゆっくり歩くのだ。今度、多くの顧客、同僚、従業員といっしょに行事に出席するときは、人びとの間を回って話をし、相手とのつながりを持つことを目標にしよう。会う人一人ひとりに意識を集中しよう。まだ相手の名前を知らないなら、名前を覚えよう。一人ひとりのニーズや希望を知ることを心がけよう。そしてその後家に帰ったら、そのうちの数人に何か有益なことをするための計画をノートに書いておこう。

3　行動に移す

もし自分には奉仕の精神が明らかに欠如していることに気づいたなら、それを変える一番いい方法は奉仕活動を始めることだ。体を使って奉仕活動をすれば、心もついてくる。地域の団体やボランティアグループに加入するといい。もしあなたの心の持ち方がまだ改善されていないようなら、もう一度やってみよう。要は、奉仕の精神が身につくまで奉仕活動を続けることだ。

◆**最後に**

アフリカで医療と伝導に尽力したアルベルト・シュバイツァーは、いみじくもこんなことを言っている。

「あなたの運命がどうなるか、それは私にはわからない。私にわかることは一つしかない。それは、本当に幸せな人とは、人びとに奉仕する方法を探し求めてそれを見つけた人だということだ」

もしあなたが最も高度なレベルのリーダーになりたいと思うなら、最も初歩的なレベルで自らすすんで奉仕することだ。

20

「学ぶ心」

◆

大切なのは、
何かについて知り尽くした後で、
さらに何を学ぶかということだ。

成功を収めた直後こそ、学ばなくてはならない

ちょびひげを生やし、杖をついて、ぶかぶかのズボンと大きくて不格好な靴を履き、山高帽をかぶった小男といえば、誰しもチャップリンと答えるだろう。一九一〇年代と二〇年代、彼は世界で最も有名な人物だった。最近の有名人の中でチャップリンと同じくらい人気があるのは、マイケル・ジョーダンくらいだろう。ただし、どちらがより偉大なスターであるかは、もう八〇年ほど待って、人びとがどれくらいマイケルを覚えているかを見極めなければならない。

チャップリンが生まれたとき、この子どもが偉大な名声を博することになろうとは誰も予想していなかった。貧しい芸人夫婦の息子としてイギリスに生まれ、少年時代には母親が精神病院に入れられたために路頭に迷った。いくつもの感化院と孤児院を何年も転々とした後、舞台に立って生計を立て始めた。一七歳になるころには、すでにベテランの芸人だった。一九一四年、二〇代半ばでハリウッドに進出、週給一五〇ドルを稼いだ。映画界に入った最初の年に、俳優、劇作家、監督として三五本の映画を手がけた。誰もが彼の才能を認め、人気は上昇。一年後、週給は一二五〇ドルに。さらに一九一八年、前代未聞のことをした。芸能界ではじめて

一〇〇万ドルの契約書にサインしたのだ。彼は大金持ちとなり、若干二九歳にして世界最高の映画制作者の地位を確立した。

チャップリンが成功を収めたのは、偉大な才能と驚異的な意欲の持ち主だったからだが、学習意欲があったからこそそうした資質が開花したと言える。彼は常に学び続け、技能を完成させることを目指した。たとえ世界で最も人気があり高収入の役者になっても、その地位に満足することはなかった。

チャップリンはインタビューの中で自分の向上心をこう説明している。

> 私は自分の映画を観衆が見ているとき、笑いがとれていないシーンにいつも注目します。たとえば、ウケを狙ったのに笑っていない観客が何人かいると、すぐにその部分を細かく分析して、アイデアに問題があったのか、それとも仕上がりがよくなかったのかを見極めることを心がけています。逆に、ウケを狙っていなかったシーンで少しでも笑い声が聞こえると、なぜ受けたのか自問するようにしています。

成長したいという願望は、彼の経済的な成功の土台となったが、それだけではなく、何をするにも非常に高いレベルにまで仕上げる原動力ともなった。当時、チャップリンの芸風は素晴らしいエンターテインメントとして絶賛され、やがて「喜劇の天才」と呼ばれるようになった。現在、彼の映画の多くは傑作と評価され、史上最高の映画制作者の一人に数えられている。脚本家で映画評論家のジェームズ・アジーは「チャップリンの作品には、最も素晴らしいパントマイム、最も深い情緒、最も豊かで味わい深い詩情がある」と書いている。

もし、チャップリンが成功を収めたときに傲慢な自己満足に浸って学習意欲を持たなかったならば、彼の名前はフォード・スターリングやベン・タービンといった無声映画のスターとともに、すっかり忘れ去られてしまっているだろう。しかし、チャップリンは役者、監督、さらにはプロデューサーとして学び続けた。映画制作者がスタジオと配給会社の言いなりにされてしまうことを経験的に知っていたので、彼は自分でユナイテッド・アーティストという組織を作った。この映画会社は今日もまだ存続している。

「成長をやめた日」は、自分の潜在能力を捨てた日

リーダーは、現状に満足するという危険に常に直面している。すでに影響力を持ち、ある程度の尊敬を得ているのに、なぜ成長し続けなければならないのだろうか。その答えは簡単だ。

・あなたの成長は、あなたの人となりを決定する。
・あなたの人となりは、あなたが引きつける人を決定する。
・あなたが引きつける人は、あなたの組織を決定する。

だから、あなたの組織を成長させるには、学習意欲を持ち続けなければならないのだ。次に、学習意欲を持ち続けるための五つの心得を示そう。

1―慢心を克服する

皮肉なことに、学習意欲の欠如の根底には、自分はすでに業績をあげたのだという自負心が関わっていることが多い。一部の人びとは、ある特定の目標を達成したら、もうそれ以上は成長する必要がないと誤解している。たとえば、学位を取得したり、望んでいた地位を得たり、特定の賞を受けたり、経済的な目標を達成したりすると、そういう心理に陥りがちだ。

しかし、すぐれたリーダーはそういうふうには考えない。成長するのをやめた日は、自分の潜在能力を捨てた日であるばかりか、組織の潜在能力を放棄した日にもなりかねない。ここで、マクドナルドの創業者レイ・クロックのこんな言葉を思い出そう。

「まだ青いうちは成長を続ける。熟したとたんに腐り始める」

2―成功を乗り越える

学習意欲に関するもう一つの皮肉は、成功がしばしば学習意欲をそぐということだ。すぐれたリーダーは、一度成功したからといっていつまでも成功者の地位に安住していられないことを知っている。過去に成功を収めた場合は要注意だ。

次のことを肝に銘じよう。自分が昨日やり遂げたことがまだ大きく思えるなら、今日はまだ大したことをしていない。

3―安易な道を選ばない

私の友人は「二点間の最長距離は近道である」と言っている。これは真理だ。人生において価値のあることは、すべて代償を伴う。ある分野で成長しようとするなら、代償を含めてそのために必要なことを計算に入れ、代償を払う決意をしよう。

4―プライドを捨てる

学習意欲を高めるには、自分がすべてを知っているわけではないことを認める必要がある。

そんなことは格好が悪いと思うかもしれないが、学び続けるためには失敗を犯し続けなければならない。教育者のエルバート・ハバートは「人生最大の失敗は、失敗を犯すことを恐れることだ」と言っている。

プライドが高すぎると、学習意欲を高めることはできない。思想家のエマーソンは「人は何かを得るたびに必ず何かを失う」と言っている。成長するためには、プライドを捨てることも大切なのだ。

5 同じ失敗に対して二回も代償を払わない

セオドア・ルーズベルト大統領は「失敗を犯さない人は進歩しない」と主張した。これは真理である。しかし、同じ失敗を繰り返すリーダーもまた進歩しない。学習意欲にあふれたリーダーは失敗を犯すものだ。犯した失敗は忘れよう。しかし、そこから得た教訓は常に肝に銘じておくことだ。それができないなら、代償を払うのは一回ではすまない。

「蒔いている種」をチェックする

子どものころ、園芸店でこんな広告を見た記憶がある。

「収穫がお気に召さないなら、蒔いている種をチェックしてください」

これは種の広告だったが、素晴らしい原理を説いている。

あなたはどんな収穫を得ているだろうか。あなたの人生とリーダーシップは日に日に向上しているだろうか。あるいは、自分の立場を固守するためにあくせくしているだけだろうか。現状が希望していたものと違っているなら、原因は学習意欲の欠如にあるのかもしれない。最近、はじめて何かをしたのはいつだろうか。最近、自分の専門外の領域に足を踏み入れて弱さを感じたのはいつだろうか。これから数日間あるいは数週間、成長と学習に対する自分の姿勢を観察してみよう。


あなたが日々得ている収穫と、得たいと思う収穫が見えてきたならば、次に、あなたは何を新たに学ぶべきだろうか。学び続けるために必要はことは何だろうか。

1　失敗に対してどう反応しているかを観察する

あなたは自分の失敗を認めているだろうか。謝るべきときは謝っているだろうか。あるいは、自己弁護しているのだろうか。自分をよく観察しよう。そして、信頼できる友人の意見を求めよう。もしあなたが自分は失敗をまったく犯さないと思っているなら、学習意欲を高める必要がある。

2　新しいことに挑戦する

自分を精神的、肉体的に飛躍させるような新しいことに挑戦してみよう。挑戦は、われわれをいい方向に変革してくれる。成長し始めたいなら、新しい挑戦を日常活動に組み込むといい。

3　得意分野をさらに伸ばす

リーダーシップや自分の専門分野に関する本を年間六冊から一二冊読もう。すでに専門知識のある分野をさらに学び続けることは、知識の老朽化を防いで学習意欲を高めることにつながる。

◆最後に

荒牛乗りの達人タフ・ヘデマンは、世界選手権で三度目の優勝を果たした後も、大きな祝賀会は開かなかった。彼はデンバーに行って練習をまた一から再開し、新しいシーズンに備えた。「私がその前の週に何を成し遂げていようと、牛は気にかけてくれないからね」と彼は言う。

新人であれ成功を収めたベテランであれ、明日のチャンピオンを目指すなら、日々の学習を怠ってはいけない。

21

「ビジョン」

◆

未来は、それが明らかになる前に
可能性を見る人のものだ。

見えないものは、手に入れることができない

二〇世紀で最も偉大な夢を実現した人の一人にウォルト・ディズニーがいる。音声入りのアニメ、カラーアニメ、長編アニメ映画を世界ではじめて制作するような人物は、ビジョンを持った人物であることは間違いない。しかし、彼のビジョンが生み出した最大の傑作は、ディズニーランドとディズニーワールドだ。ただし、そのビジョンを大きく燃え上がらせた原動力となったのは意外な出来事だった。

ウォルトは二人の娘が小さかったころ、土曜の朝になると娘たちをロサンゼルスの遊園地に連れて行った。少女たちは父親といっしょにとても楽しい時間を過ごした。遊園地は子どもの楽園であり、素晴らしい雰囲気を持っていた。ポップコーンと綿菓子の匂い、乗り物の看板の派手な色使い。ジェットコースターが急降下するときの子どもたちの歓声。

ウォルトは回転木馬に特に魅せられた。近づいて見ると、明るい色をした多くの木馬が蒸気オルガンの陽気な調べに合わせてぐるぐる回りながら競走をしているようだった。しかし、さらに近づいたとき、回転木馬は停止し、彼は自分の錯覚に気がついた。木馬のペンキははげ、

ボロボロだったのだ。上下に動いていたのは外側の木馬だけで、それ以外の木馬はすべて床に固定されていた。

しかし、彼の落胆は、壮大なビジョンを生むきっかけになった。彼の心の目には、子どもも大人も楽しめる、夢が壊れない遊園地が見えていた。やがて、その夢はディズニーランドとなって実現した。彼のビジョンは「ペンキのはげていない、すべての馬が跳びはねている回転木馬」に要約できる。

達成不可能に思えるビジョンは、勝者だけを引きつける

リーダーにとって、ビジョンはすべてである。それはまさに必要不可欠なものだ。なぜだろうか。リーダーを導くのはビジョンだからだ。標的を描くのもビジョンである。心の中の炎を燃え上がらせ、リーダーを前へと駆り立てるのもビジョンである。リーダーについていく人びとの心の中に炎を燃え上がらせるのも、やはりビジョンである。ビジョンを持たないリーダーは、どこにも進むことができない。ただ、ぐるぐる回っているだけだ。

ビジョンとすぐれたリーダーとの関係について把握するために、次のことを理解しておこう。

1―ビジョンは内面から始まる

私の講演を聞いた人から、「私の組織が持つべきビジョンを示してください」と頼まれることがよくある。しかし、それは不可能だ。ビジョンはお金で買ったり、求めたり、借りたりすることができないからだ。ビジョンは内面から来るものである。ウォルト・ディズニーにとって、それは決して問題ではなかった。創造性とすぐれたものを目指したいという願望にあふれていた彼は、常に可能性を見すえていた。

ビジョンがないなら、まず自分の内面を見つめることだ。生まれつきの才能や願望を活用するといい。それでも自分のビジョンが持てないなら、共鳴できるビジョンを持ったリーダーと組もう。ウォルトの弟のロイはその方法を選んだ。ロイはすぐれた実業家であり、物事を創始するリーダーだったが、ビジョンを提供したのはウォルトだった。こうしてディズニー兄弟は驚異的な業績をあげたのである。

2―ビジョンは過去から生まれる

一部の人びとは、ビジョンとは無から生まれる神秘的な資質であると信じているようだが、実際はそうではない。それはリーダーの過去から生まれるのだ。ディズニーの場合もそうだった。実際、すべてのリーダーの場合がそうである。どのリーダーに聞いても、過去の重要な出来事がビジョンの創造に役立ったと言うはずだ。

3―ビジョンは人びとのニーズに応える

本物のビジョンは遠大である。それは、一個人が達成できる範囲を超えている。しかも、もしそのビジョンが本当の価値を持っているなら、人びとを取り込むだけでなく、参加するすべての人たちに付加価値を与える。もしあなたのビジョンが人びとに奉仕しないのであれば、そのビジョンはおそらく小さすぎる。

4―ビジョンは資源を集めるのに役立つ

ビジョンがもたらす恩恵の中で最も貴重なのは、それが磁石のような働きをするということだ。すなわち、人びとを引きつけて団結させるのだ。金銭面とそれ以外の資源も集める。ビジョンが大きければ大きいほど、勝者を引きつける潜在力を秘めている。ビジョンが挑戦的であればあるほど、人びとはそれを達成するために努力する。ポラロイド社の創立者エドウィン・ランドはこんなふうにアドバイスしている。

「まず最初にすることは、そのビジョンはたいへん大切だが、達成することは不可能に近いと相手に感じさせることだ。そうすれば、勝者のやる気を引き出すことができる」

揺るぎないビジョンを教えてくれる四つの声

ビジョンはどこから来るのだろうか。リーダーシップに不可欠なビジョンを見つけるためには、聞く技術を向上させなければならない。そこで、次のいくつかの種類の声に耳を傾けよう。

1――内面の声

すでに指摘したように、ビジョンは内面から来るものだ。あなたは自分の人生の使命を知っているだろうか。あなたの心を熱く燃え上がらせるものは何だろうか。あなたの夢は何だろうか。もしあなたが人生で追い求めているものが内面の奥深くにある信念から来るものではないなら、ビジョンを実現することはおそらく無理だろう。

2──不満の声

偉大なアイデアのひらめきはどこから来るのだろうか。それはまず、何がうまくいかないかに気づくことからである。現状に対する不満は、ビジョンを研ぎ澄ます格好の材料となる。あなたは現状に満足しているだろうか。それとも、自分の世界を変革したくてうずうずしているだろうか。歴史上の偉大なリーダーで、変化を拒んだ者はいまだかつて一人もいない。

3──成功者の声

偉大な業績を一人で成し遂げられる人はいない。大きなビジョンを実現するには、良いチームが必要だが、それに加えて、すでにすぐれたリーダーシップを発揮している人の良きアドバイスが必要だ。人びとを偉大な業績に導きたいなら、ビジョンを研ぎ澄ます手伝いをしてくれる助言者を持つ必要がある。

4──高次の声

ビジョンは内面から来るものでなければならないというのは真理だが、ビジョンをあなたのかぎられた能力の中に封じ込めてはいけない。本当に価値のあるビジョンの中には神がなければならないのだ。神はあなたのすべての能力を知っている。あなたは自分のビジョンを探し求めたときに、自分の内面を奥深く見たことがあるだろうか。もしそういう経験がないなら、あなたは自分の潜在能力に気づいていないのかもしれない。

「エネルギーを与えてくれるもの」を知る

あなた自身のビジョンを見つけ、その実現のためにできることは何だろう。

1―自分を測定する

自分の人生のビジョンについて考えたり明言したことがあるなら、自分がどれだけそれを実行しているかを測定しよう。あなたのビジョンについてどう思うかを配偶者や親友、重要な従業員に質問する。もし彼らがそれを正確に表現できれば、あなたがビジョンを実現しつつあることの証しだ。

2―書き出す

ビジョンについて考えたことはあっても、一度も書き留めたことがないなら、時間をとってそれを書き出してみよう。書くことは思考を明確にする。いったんそれを書いたなら、それが自分の人生のビジョンとしてベストかどうかを検討しよう。もしそれがベストなら、全力を尽くしてそれを達成することだ。

3―直感的なチェックをする

もしあなたがビジョンの実現のために多くのことをしていないなら、これからの数週間か数か月間、それについて考えよう。それも、直感的なレベルであなたに強烈なインパクトを与えるものを考えよう。

あなたを泣かせるものは何か?
あなたに夢を描かせるものは何か?
あなたにエネルギーを与えるものは何か?

あなたが自分のまわりの世界で変わってほしいと思うものは何だろう。現実にはそうではないが、そうなればいいと思うものは何だろう。アイデアが明晰になり始めたら、それを書き出して助言者に相談しよう。

◆最後に

ロバート・ウッドラフは一九二三年から五五年までコカ・コーラの社長を務めた。彼は会社が負担するコストを度外視して、世界中にいるすべてのアメリカ軍兵士に五セントでコカ・コーラを提供したいと考えた。なんという大胆な目標だろうか。しかし、彼が心の目で見ていた大きなビジョンと比べると大したことはなかった。彼は自分が生きている間に、世界中のすべての人びとにコカ・コーラを味わってほしいと思ったのだ。

あなたは自分の内面の奥深くにあるビジョンを見つめるとき、いったい何が見えるだろうか。

［著者］
ジョン・C・マクスウェル（John C. Maxwell）
1947年生まれ。リーダーシップの世界的権威、「世界一のメンター」として知られる。人材育成・組織開発を行うインジョイ・グループなどを主宰。フォーチュン500の有力企業、陸軍士官学校（ウエスト・ポイント）など、ビジネス、軍、政治、スポーツ、国際協力をはじめ、あらゆる分野から絶大な信頼と人気を得ている。『あなたがリーダーに生まれ変わるとき』（ダイヤモンド社）、『これからのリーダーが「志すべきこと」を教えよう』『「戦う自分」をつくる13の成功戦略』『その他大勢から抜け出す成功法則』（いずれも、三笠書房）など、70冊以上の著書があり、全世界でシリーズ累計1800万部を記録するベストセラー著者として知られる。

［訳者］
弓場　隆（ゆみば・たかし）
翻訳家。神戸大学卒業。訳書に『希望をはこぶ人』（ダイヤモンド社）、『金持ちになる男、貧乏になる男』『金持ち男になる93の方法』（いずれも、サンマーク出版）、『成功をめざす人に知っておいてほしいこと』『後悔しない生き方』（いずれも、ディスカヴァー・トゥエンティワン）、『励ましの言葉が人を驚くほど変える』（扶桑社）。

「人の上に立つ」ために本当に大切なこと

2013年２月28日　第１刷発行
2016年４月18日　第10刷発行

著　者——ジョン・C・マクスウェル
訳　者——弓場　隆
発行所——ダイヤモンド社
〒150-8409　東京都渋谷区神宮前6-12-17
http://www.diamond.co.jp/
電話／03･5778･7232（編集）　03･5778･7240（販売）
装丁————遠藤陽一（デザインワークショップジン）
製作進行——ダイヤモンド・グラフィック社
印刷————勇進印刷（本文）・慶昌堂印刷（カバー）
製本————ブックアート
編集担当——鈴木円香

ISBN 978-4-478-02412-6

◆ダイヤモンド社の本◆

人生の質を高めるための 7つの原則をストーリーで学ぶ

成功した辣腕の弁護士が、あることをきっかけに、その職を辞してチベットの山中に赴き、古来の賢人の知恵を学んで戻ってくる。そして、物語の主人公である後輩弁護士の「ぼく」のもとにやってきて、本当の人生を生きるための7つの教えを伝える……。

意識が変わる物語——

心のカップを空《から》にせよ！

ロビン・シャーマ［著］北澤和彦［訳］

●四六判並製●定価(本体1429円+税)

http://www.diamond.co.jp/